D1860656

अँधेरी रात का मुसाफ़िर

अँधेरी रात का मुसाफ़िर

असरारुल हक़ मजाज़

सम्पादक

शहरयार

महताब हैदर नक़वी

वाणी प्रकाशन

वाणी प्रकाशन
4695, 21-ए, दरियागंज, नयी दिल्ली 110 002
शाखा
अशोक राजपथ, पटना 800 004
फ़ोन: +91 11 23273167 फ़ैक्स: +91 11 23275710
www.vaniprakashan.in
vaniprakashan@gmail.com

ANDHERI RAAT KA MUSAFIR
by Asrarul Haq Majaz
Edited by Shahryar
Mahtab Haidar Naqvi

ISBN : 978-93-5072-638-9
Ghazals/Nazms
© प्रकाशकाधीन
प्रथम संस्करण 2015
मूल्य : ₹ 300
इस पुस्तक के किसी भी अंश को किसी भी माध्यम में प्रयोग करने के लिए प्रकाशक से लिखित अनुमति लेना अनिवार्य है।
हर्ष प्रिंटर्स, दिल्ली-110 093 में मुद्रित

वाणी प्रकाशन का लोगो मक़बूल फ़िदा हुसेन की कूची से

आरम्भ

असरारुल हक़ मजाज़ उर्दू के प्रमुख प्रगतिशील शायर हैं। उनका नाम फ़ैज़ अहमद फ़ैज़ और मुईन अहसन जज़्बी जैसे बड़े प्रगतिशील शायरों के साथ लिया जाता है। मजाज़ ने भी दूसरे प्रगतिशील शायरों की तरह ग़ज़लों की अपेक्षा नज़्में अधिक लिखीं। इसका मुख्य कारण यह था कि प्रगतिशील शायर ग़ज़ल की विधा को जागीरदाराना प्रथा का प्रतीक समझने के साथ-साथ नज़्म की विधा को अभिव्यक्ति का बेहतरीन ज़रिया समझते थे। अतः इस संकलन में आपको ग़ज़लों की अपेक्षा नज़्में अधिक मिलेंगी।

मजाज़ की शायरी पर तो बहस हो सकती है लेकिन उनकी ग़ैर-मामूली शोहरत के बारे में सभी आलोचक एकमत हैं। मजाज़ की ग़ैर-मामूली शोहरत के कई कारण हैं। इसका एक कारण साहित्य का ग़ैर-साहित्यिक मेयार भी है। मशहूर कहानीकार इस्मत चुग़ताई ने लिखा है कि "आहंग (मजाज़ का काव्य संग्रह) जब प्रकाशित हुई तो गर्ल्स कॉलेज की लड़कियाँ इसे अपने सरहाने तकियों में छिपा कर रखतीं और आपस में बैठकर पर्चियाँ निकालती थीं कि हम में से किसको मजाज़ अपनी दुल्हन बनाएगा।" यह एक रूमानी दौर था जिसकी नुमाइन्दगी मजाज़ और उनकी शायरी कर रहे थे। मजाज़ की इस रूमानी शायरी में जब इन्क़लाबियत ने प्रवेश किया तो यह शायरी और भी आकर्षण का केन्द्र बन गयी।

मजाज़ की शायरी की भाषा-शैली तथा अभिव्यक्ति के तौर-तरीक़े पारम्परिक हैं। इसके बावजूद यह अपने समय की नयी और नुमाइन्दा शायरी है। प्रगतिशील सौन्दर्यशास्त्र में दिलचस्पी रखने वाले पाठक इस शायरी से अधिक आनन्द उठा सकेंगे। मजाज़ ने न सिर्फ़ यह कि मज़दूरों, किसानों और दबे-कुचले लोगों के लिए नज़्में और गीत लिखे बल्कि उन्होंने औरतों को भी पर्दे से निकालकर इन्क़लाब का सुर्ख़ झंडा उठाने के लिए प्रेरित किया। इस सम्बन्ध में उनकी नज़्म 'नौजवान ख़ातून से' का यह शेर जो उस समय बहुत मशहूर हुआ था, आज भी प्रासंगिक है–

तेरे माथे पे ये आँचल बहुत ही ख़ूब है लेकिन
तू इस आँचल से इक परचम बना लेती तो अच्छा था।

मजाज़ ने बहुत कम उम्र (1911-1955) पाई तथा बहुत कम लिखा। उनका केवल एक काव्य संग्रह 'आहंग' प्रकाशित हुआ। इसके बावजूद उन्हें किसी दूसरे महत्त्वपूर्ण प्रगतिशील शायर से कम प्रसिद्धि नहीं मिली। कुछ समानताओं के कारण मजाज़ को उर्दू शायरी का कीट्स कहा जाता है। फ़ैज़ के साथ ही देश-विदेश में मजाज़ का सदी वर्ष मनाया जा रहा है। इसलिए इस संकलन की अहमियत और भी बढ़ जाती है। आशा है कि अन्य संकलनों की तरह यह संकलन भी पाठकों को पसन्द आएगा।

शहरयार

अलीगढ़

महताब हैदर नक़वी

अनुक्रम

तआरुफ़[1]

ख़ूब पहचान लो असरार[2] हूँ मैं
जिन्से-उल्फ़त का तलबगार हूँ मैं
इश्क़ ही इश्क़ है दुनिया मेरी
फ़ित्नए-अक़्ल से बेज़ार हूँ मैं
ख़्वाबे-इशरत[3] में हैं अरबाबे-ख़िरद[4]
और इक शायरे-बेदार हूँ मैं
छेड़ती है जिसे मिज़राबे-अलम[5]
साज़े-फ़ितरत का वही तार हूँ मैं
रंगे-नज़्ज़ाए-कुदरत मुझ से
जाने-रंगीनिए-कोहसार हूँ मैं
नश्शए-नर्गिसे-ख़ूबाँ[6] मुझ से
ग़ाज़ए-आरिज़ो-रुख़्सार[7] हूँ मैं
ऐब जो हाफ़िजो-ख़्ययाम में था
हाँ, कुछ उसका भी गुनहगार हूँ मैं
ज़िंदगी क्या है गुनाहे-आदम
ज़िंदगी है तो गुनहगार हूँ मैं

---

1. परिचय, 2. राज, शायर का नाम असरारुल हक़ मजाज़, 3. आराम की नींद, 4. बुद्धिमान लोग, 5. दुख की मिज़राब, 6. प्रेमिका की आँखों का नशा, 7. गालों पर लगाई जाने वाली लाली।

रश्के-सद-होश है मस्ती मेरी
ऐसी मस्ती है कि हुशियार हूँ मैं।
लेके निकला हूँ गोहर-हाए-सुख़न[1]
माहो-अन्जुम का ख़रीदार हूँ मैं।
दैरो-काबा में मेरे चर्चे हैं
और रुसवा सरे-बाजार हूँ मैं।
कुफ़्रो-इल्हाद[2] से नफ़रत है मुझे
और मज़हब से भी बेज़ार हूँ मैं।
अह्ले-दुनिया के लिए नंग सही
रौनक़े-अंजुमने-यार हूँ मैं।
ऐन इस बेसरो-सामानी में
क्या ये कम है कि गोहरबार[3] हूँ मैं।
मेरी बातों में मसीहाई है
लोग कहते हैं कि बीमार हूँ मैं।
मुझ से बरहम है मिज़ाजे-पीरी
मुजरिमे-शोख़िए-गुफ़्तार हूँ मैं।
हूरो-ग़िल्माँ का यहाँ ज़िक्र नहीं
नौए-इन्साँ का परस्तार हूँ मैं।
महफ़िले-दह्र[4] पे तारी है जमूद[5]
और वारफ़्तए-रफ़्तार[6] हूँ मैं।
इक लपकता हुआ शोला हूँ मैं
एक चलती हुई तलवार हूँ मैं।

◆◆◆

---

1. शायरी के मोती, 2. धर्म से फिरा होना, 3. मोती बरसाना, 4. दुनिया, 5. ठहराव, 6. रफ़्तार का दीवाना।

●

कमाले-इश्क़ है दीवाना हो गया हूँ मैं
ये किसके हाथ से दामन छुड़ा रहा हूँ मैं।

तुम्हीं तो हो जिसे कहती है नाखुदा दुनिया
बचा सको तो बचालो कि डूबता हूँ मैं।

ये मेरे इश्क़ की मजबूरियाँ मआज़ अल्लाह
तुम्हारा राज़ तुम्हीं से छिपा रहा हूँ मैं।

इस इक हिजाब[1] पे सौ बेहिजाबियाँ सदक़े
जहाँ से चाहता हूँ तुमको देखता हूँ मैं।

बताने वाले वहीं पर बताते हैं मंज़िल
हज़ार बार जहाँ से गुज़र चुका हूँ मैं।

कभी ये ज़अम[2] कि तू मुझ से छिप नहीं सकता
कभी ये वह्म कि ख़ुद भी छिपा हुआ हूँ मैं।

मुझे सुने न कोई मस्ते-बादाए-इशरत[3]
मजाज़ टूटे हुए दिल की इक सदा हूँ मैं।

◆◆◆

1. पर्दा, 2. घमंड, 3. ख़ुशी की शराब में मस्त।

●

तस्कीने-दिले-महज़ूँ[1] न हुई, वो सइए-करम[2] फ़रमा भी गए
इस सइए-करम को क्या कहिए, बहला भी गए, तड़पा भी गए।

हम अर्ज़े-वफ़ा भी कर न सके, कुछ कह न सके, कुछ सुन न सके
याँ हमने ज़बाँ ही खोली थी, वाँ आँख झुकी शरमा भी गए।

आशुफ़्तगिए-वहशत की क़सम, हैरत की क़सम, हसरत की क़सम
अब आप कहें या कुछ न कहें, हम राज़े-तबस्सुम पा भी गए।

रुदादे-ग़मे-उल्फ़त उनसे हम क्या कहते, क्योंकर कहते
इक हर्फ़ न निकला होठों से और आँख में आँसू आ भी गए।

ये रंगे-बहारे-आलम है, क्यों फ़िक्र है तुझको ऐ साक़ी
महफ़िल तो तेरी सूनी न हुई, कुछ उठ भी गए, कुछ आ भी गए।

उस महफ़िले कैफ़ो-मस्ती में, उस अन्जुमने-इरफ़ानी[3] में
सब जाम ब-कफ़ बैठे ही रहे हम पी भी गए, छलका भी गए।

◆◆◆

1.दुखी दिल का संतुष्ट होना, 2.कृपा, 3.पहचानने की कोशिश।

●

हुस्न को बेहिजाब होना था
शौक़ को कामियाब होना था।

हिज्र में कैफ़े-इज़्तराब[1] न पूछ
ख़ूने-दिल भी शराब होना था।

तेरे जल्वों में खो गया आख़िर
ज़र्रे को आफ़ताब होना था।

कुछ तुम्हारी निगाह काफ़िर थी
कुछ मुझे भी ख़राब होना था।

रात तारों का टूटना भी मजाज़
बाएसे-इज़्तराब होना था।

◆◆◆

1. बेचैनी का मज़ा।

●

खुद दिल में रह के आँख से पर्दा करे कोई
हाँ लुत्फ़ जब है पा के भी ढूँढा करे कोई।

तुमने तो हुक्मे-तर्के-तमन्ना सुना दिया
किस दिल से आह तर्के तमन्ना करे कोई।

दुनिया लरज़ गई दिले हिरमा-नसीब की
इस तरह् साज़े-ऐश न छेड़ा करे कोई।

मुझको ये आरज़ू वो उठाएं नक़ाब खुद
उनको ये इन्तज़जार तक़ाज़ा करे कोई।

रंगीनिए-नक़ाब में गुम हो गई नज़र
क्या बेहिजाबियों का तक़ाज़ा करे कोई।

या तो किसी को जुर्रअते-दीदार ही न हो
या फिर मेरी निगाह से देखा करे कोई।

होती है इसमें हुस्न की तौहीन ऐ मजाज़
इतना न अह्ले-इश्क़ को रुसवा करे कोई।

◆◆◆

●

सीने में उनके जलवे छिपाए हुए तो हैं
हम अपने दिल को तूर[1] बनाए हुए तो हैं।

हाँ क्या हुआ वो हौसलए-दीद, अह्ले दिल
देखो न वो नक़ाब उठाए हुए तो हैं।

तेरे गुनाहगार, गुनहगार ही सही
तेरे करम की आस लगाए हुए तो हैं।

अल्लहरि कामियाबिए-आवारगाने इश्क़
ख़ुद गुम हुए तो क्या, उसे पाए हुए तो हैं।

यूँ तुझको अख़्तियार है, तासीर दे न दे
दस्ते-दुआ[2] हम आज उठाए हुए तो हैं।

ज़िक्र उनका गर ज़बाँ पे नहीं है तो क्या हुआ
अब तक नफ़स-नफ़स[3] में समाए हुए तो हैं।

मिटते हुओं को देख के क्यों रो न दें मजाज़
आख़िर किसी के हम भी मिटाए हुए तो हैं।

◆◆◆

1.एक पहाड़ का नाम जिस पर यहूदियों के पैग़म्बर हज़रत मूसा ने ईश्वर का जलवा देखा था, 2.दुआ के लिए हाथ उठाना, 3.साँसों में।

●

क्या तुझ को ख़बर है हम क्या-क्या ऐ शोरिशे-दौराँ[1] भूल गए
वो ज़ुल्फ़े-परेशाँ भूल गए, वो दीदए-गिरियाँ[2] भूल गए।

ऐ शौक़े-नज़ारा क्या कहिए, नज़रों में कोई सूरत ही नहीं
ऐ ज़ौक़े-तसव्वुर क्या कीजे, हम सूरते-जानाँ[3] भूल गए।

अब गुल से नजर मिलती ही नहीं, अब दिल की कली खिलती ही नहीं
ऐ फ़स्ले बहाराँ रुख़सत हो, हम लुत्फ़े-बहाराँ भूल गए।

सबका तो मदावा कर डाला, अपना ही मदावा कर न सके
सबके तो गरेबाँ सी डाले, अपना ही गरेबाँ भूल गए।

ये अपनी वफ़ा का आलम है, अब उनकी जफ़ा को क्या कहिए
इक नश्तरे-ज़हर-आगीं[4] रखकर नज़दीके-रगे-जाँ भूल गए।

◆◆◆

1. समय के हंगामे, 2. रोने वाली आँख 3. प्रेमिका की सूरत, 4. ज़हर से भरा हुआ ख़ंजर।

नन्ही पुजारन

इक नन्ही-मुन्नी सी पुजारन
पतली बाहें, पतली गरदन
भोर भए मंदिर आई है
आई नहीं है, माँ लाई है
वक़्त से पहले जाग उठी है
नींद अभी आँखों में भरी है
ठोड़ी तक लट आई हुई है
यूँही सी लहराई हुई है
आँखों में तारों की चमक है
मुखड़े पर चाँदी की झलक है
कैसी सुन्दर है क्या कहिए
नन्हीं सी इक सीता कहिए
धूप चढ़े तारा चमका है
पत्थर पर इक फूल खिला है
चाँद का टुकड़ा, फूल की डाली
कमसिन, सीधी, भोली-भाली
कान में चाँदी की बाली है
हाथ में पीतल की थाली है
दिल में लेकिन ध्यान नहीं है
पूजा का कुछ ज्ञान नहीं है
कैसी भोली और सीधी है
मंदिर की छत देख रही है

माँ बढ़कर चुटकी लेती है
चुपके-चुपके हँस देती है
हँसना-रोना उसका मज़हब
उसको पूजा से क्या मतलब
खुद तो आई है मंदिर में
मन उसका है गुड़िया घर में

◆◆◆

मुसाफ़िर

मुसाफ़िर युँही गीत गाए चला जा
सरे-रहगुज़र कुछ सुनाए चला जा
तेरी ज़िंदगी सोज़ो-साज़े-मुहब्बत
हंसाए चला जा, रुलाए चला जा
कोई लाख रोके, कोई लाख टोके
क़दम अपने आगे बढ़ाए चला जा
हसीं भी तुझे रास्ते में मिलेंगे
नज़र मत मिला मुस्काए चला जा
मुहब्बत के नक़्शे, तमन्ना के ख़ाके
बनाए चला जा, मिटाए चला जा
क़सम शौक़ की, फ़ितरते-मुज़तरिब[1] की
युँही नित-नई धुन में गाए जला जा
जो परचम उठा ही लिया सरकशी का
उसे आसमाँ तक उड़ाए चला जा।

◆◆◆

1. बेचैन स्वभाव।

नौजवान ख़ातून से

हिजाबे-फ़ित्ना-परवर[1] अब उठा लेती तो अच्छा था
ख़ुद अपने हुस्न को पर्दा बना लेती तो अच्छा था

तेरी नीची नज़र ख़ुद तेरी अस्मत की मुहाफ़िज़ है
तू इस नश्तर की तेज़ी आज़मा लेती तो अच्छा था

तेरी चीने-जबीं[2] ख़ुद इक सज़ा क़ानूने-फ़ितरत है
इसी शमशीर से कारे-सज़ा लेती तो अच्छा था

ये तेरा ज़र्द रूख़, ये ख़ुश्क लब, ये वह्म, ये वह्शत
तू अपने सर से ये बादल हटा लेती तो अच्छा था

दिले-मजरुह[3] को मजरुह-तर करने से क्या हासिल?
तू आँसू पोंछकर अब मुस्करा लेती तो अच्छा था

तेरे ज़ेरे-नगीं[4] घर हो, महल हो, कस्र हो कुछ हो
मैं ये कहता हूँ तू अर्ज़ो-समा[5] लेती तो अच्छा था

अगर ख़िल्वत[6] में तूने सर उठाया भी तो क्या हासिल?
भरी महफ़िल में आकर सर उठा लेती तो अच्छा था

---

1. हंगामा करने वाला पर्दा, 2. माथे की शिकन, गुस्सा 3. ज़ख़्मी दिल, 4. हुकूमत में, 5. ज़मीन और आसमान, 6. तन्हाई।

तेरे माथे का टीका मर्द की क़िस्मत का तारा है
अगर तू साज़े-बेदारी उठा लेती तो अच्छा था

अयाँ हैं दुश्मनों के ख़ंजरों पर ख़ून के धब्बे
उन्हें तू रंगे-आरिज़ से मिला लेती तो अच्छा था

सिनानें खींच ली हैं सरफिरे बाग़ी जवानों ने
तू सामाने-जराहत अब उठा लेती तो अच्छा था

तेरे माथे पे ये आँचल बहुत ही ख़ूब है लेकिन
तू इस आँचल से इक परचम बना लेती तो अच्छा था

◆◆◆

आवारा

शहूर की रात और मैं नाशादो-नाकारा फिरूँ
जगमगाती, जागती सड़कों पे आवारा फिरूँ
ग़ैर की बस्ती में कब तक दर-ब-दर मारा फिरूँ
ऐ ग़मे-दिल क्या करूँ, ऐ वहूशते-दिल क्या करूँ

झिलमिलाते क़ुमक़ुमों की राह में ज़ंजीर सी
रात के हाथों में दिन की मोहनी तस्वीर सी
मेरे सीने पर मगर दहूकी हुई शमशीर सी
ऐ ग़मे-दिल क्या करूँ, ऐ वहूशते-दिल क्या करूँ

ये रुपहली छाँव, ये आकाश पर तारों का जाल
जैसे सूफ़ी का तसव्वुर, जैसे आशिक़ का ख़याल
आह! लेकिन कौन जाने, कौन समझे दिल का हाल
ऐ ग़मे-दिल क्या करूँ, ऐ वहूशते-दिल क्या करूँ

फिर वो टूटा एक सितारा, फिर वो छूटी फुलझड़ी
जाने किस की गोद में आई ये मोती की लड़ी
हूक सी सीने में उट्ठी, चोट सी दिल पर पड़ी
ऐ ग़मे-दिल क्या करूँ, ऐ वहूशते-दिल क्या करूँ

रात हँस-हँस कर ये कहती है कि मयख़ाने में चल
फिर किसी शहनाज़े-लालारुख़ के काशाने में चल
ये नहीं मुमकिन तो फिर ऐ दोस्त वीराने में चल
ऐ ग़मे-दिल क्या करूँ, ऐ वहूशते-दिल क्या करूँ

हर तरफ़ बिखरी हुई रंगीनियाँ, रानाइयाँ
हर तरफ़ पर इशरतें लेती हुई अंगड़ाइयाँ
बढ़ रही हैं गोद फैलाए हुए रुस्वाइयाँ
ऐ ग़मे-दिल क्या करूँ, ऐ वह्शते-दिल क्या करूँ

रास्ते में रुक के दम ले लूँ मेरी आदत नहीं
लौट कर वापस चला जाऊँ मेरी फ़ितरत नहीं
और कोई हम-नवा मिल जाए, ये क़िस्मत नहीं
ऐ ग़मे-दिल क्या करूँ, ऐ वह्शते-दिल क्या करूँ

मुन्तज़िर है एक तूफ़ाने-बला मेरे लिए
अब भी ज़ाने कितने दरवाज़े हैं वा[1] मेरे लिए
हर मुसीबत है मेरा अह्दे-वफ़ा मेरे लिए
ऐ ग़मे-दिल क्या करूँ, ऐ वह्शते-दिल क्या करूँ

जी में आता है कि अब अह्दे-वफ़ा भी तोड़ दूँ
उनको पा सकता हूँ मैं, ये आसरा भी तोड़ दूँ
हाँ मुनासिब है, ये ज़ंजीरे-हवा भी तोड़ दूँ
ऐ ग़मे-दिल क्या करूँ, ऐ वह्शते-दिल क्या करूँ

इक महल की आड़ से निकला वो पीला माहताब
जैसे मुल्ला का अमामा[2] जैसे बनिये की किताब
जैसे मुफ़लिस की जवानी, जैसे बेवा का शबाब
ऐ ग़मे-दिल क्या करूँ, ऐ वह्शते-दिल क्या करूँ

दिल में एक शोला भड़क उट्ठा है ,आख़िर क्या करूँ
मेरा पैमाना छलक उट्ठा है, आख़िर क्या करूँ
ज़ख़्म सीने का महक उट्ठा है, आख़िर क्या करूँ
ऐ ग़मे-दिल क्या करूँ, ऐ वह्शते-दिल क्या करूँ

---

1. खुले, 2. पगड़ी।

जी में आता है ये मुर्दा चाँद-तारे नोच लूँ
इस किनारे नोच लूँ और उस किनारे नोच लूँ
एक-दो का ज़िक्र क्या सारे के सारे नोच लूँ
ऐ ग़मे-दिल क्या करूँ, ऐ वहशते-दिल क्या करूँ

मुफ़लिसी और ये मज़ाहिर हैं नज़र के सामने
सैकड़ों सुल्ताने-जाबिर हैं नज़र के सामने
सैकड़ों चंगेज़ो-नादिर हैं नज़र के सामने
ऐ ग़मे-दिल क्या करूँ, ऐ वहशते-दिल क्या करूँ

लेके इक चंगेज़ के हाथों से ख़ंजर तोड़ दूँ
ताज पर उसके दमकता है जो पत्थर तोड़ दूँ
कोई तोड़े या न तोड़े मैं ही बढ़कर तोड़ दूँ
ऐ ग़मे-दिल क्या करूँ, ऐ वहशते-दिल क्या करूँ

बढ़के इस इन्दर सभा का साज़ो-सामाँ फूँक दूँ
इसका गुलशन फूँक दूँ, उसका शबिस्ताँ फूँक दूँ
तख़्ते-गुलशन क्या, मैं सारा क़स्रे-सुल्ताँ फूँक दूँ
ऐ ग़मे-दिल क्या करूँ, ऐ वहशते-दिल क्या करूँ

◆◆◆

सरमायादारी

कलेजा फुँक रहा है और ज़बाँ कहने से आरी[1] है
बताऊँ क्या तुम्हें क्या चीज़ ये सरमायादारी है

ये वो आँधी है जिसकी रौ[2] में मुफ़लिस का नेशमन है
ये वो बिजली है जिसकी ज़द में हर दहक़ाँ[3] का ख़िरमन[4] है

ये अपने हाथ में तहज़ीब का फ़ानूस लेती है
मगर मज़दूर के तन से लहू तक ख़ींच लेती है

ये इन्सानी बला खुद ख़ूने-इन्सानी की गाहक है
वबा[5] से बढ़के मोहलिक[6], मौत से बढ़कर भयानक है

न देखे हैं बुरे इसने, न परखे हैं भले इसने
शिक़ंजों में जकड़कर घोंट डाले हैं गले इसने

बलाए-बेअमाँ है, तौर ही इसके निराले हैं
कि इसने ग़ैज़ में उजड़े हुए घर फूँक डाले हैं

क़यामत इसके ग़म्ज़े, जान लेवा हैं सितम इसके
हमेशा सीनए-मुफ़लिस पे पड़ते हैं क़दम इसके

कहीं ये ख़ूँ से फ़र्दे-मालो-ज़र[7] तहरीर करती है
कहीं ये हड्डियाँ चुनकर महल तामीर करती है

---

1. मज़बूर, 2. राह, 3. किसान, 4. खलिहान, 5. हवा के ख़राब हो जाने से फैलने वाली बीमारी, 6. मार ड़ालने वाली, 7. दौलत का हिसाब।

ग़रीबों का मुक़द्दस ख़ून पी-पीकर बहकती है
महल में नाचती है, रक़्सगाहों[1] में थिरकती है

बज़ाहिर चन्द फ़िरऊनों[2] का दामन भर दिया इसने
मगर कुल बाग़े-आलम को जहन्नुम कर दिया इसने

दरिन्दे सर झुका लेते हैं लोहा मानकर इसका
नज़र सफ़्फ़ाक-तर[3] इसकी, नफ़स मकरुह-तर इसका

जिधर चलती है, बरबादी के सामाँ साथ चलते हैं
नहूसत हमसफ़र होती है, शैताँ साथ चलते हैं

ये अक्सर टूटकर मासूम इन्सानों की राहों में
ख़ुदा के ज़मज़मे गाती है छिपकर ख़ानक़ाहों में

जवाँ मर्दों के हाथों से ये नेज़े छीन लेती है
ये डाइन है भरी गोदों से बच्चे छीन लेती है

ये ग़ैरत छीन लेती है, हमीयत छीन लेती है
ये इन्सानों से इन्सानों की फ़ितरत छीन लेती है

ये आशोबे-हलाकत, फ़ित्नए-इसकन्दरो-दारा
ज़मीं के देवताओं की कनीज़े-अन्जुमन-आरा

हमेशा ख़ून पीकर हड्डियों के रथ में चलती है
ज़माना चीख़ उठता है, ये जब पहलू बदलती है

गरजती, गूँजती, ये आज भी मैदाँ में आती है
मगर बद-मस्त है हर-हर क़दम पर लड़खड़ाती है

मुबारक दोस्तो! लबरेज़ है अब इसका पैमाना
उठाओ आँधियाँ कमज़ोर है बुनियादे-काशाना

◆◆◆

---

1. नाच-गाने की जगह, 2. प्राचीन मिस्र के बादशाहों का नाम, ज़ालिम, 3. बहुत अधिक ज़ालिम।

●

क्या हुआ मैंने अगर हाथ बढ़ाना चाहा
आपने खुद भी तो दामन न छुड़ाना चाहा
यूँ तो अफ़्सानए-उल्फ़त था अज़ल[1] से रंगी
हमने कुछ और भी रंगीन बनाना चाहा

●

जिगर की ख़बर है, न दिल की ख़बर
मगर लड़ रही है नज़र से नज़र
ये सब जिनके हैं ख़ून से हाथ तर
यही थे मसीहा, यही चारागर

●

मुझे साग़र दोबारा मिल गया है
तलातुम में किनारा मिल गया है
मेरी बादा-परस्ती पर न जाओ
जवानी को सहारा मिल गया है

◆◆◆

1. आरम्भ।

मेरी वफ़ा का तेरा लुत्फ़ भी जवाब नहीं
मेरे शबाब की क़ीमत तेरा शबाब नहीं।

ये महताब नहीं है कि आफ़ताब नहीं
सभी हैं हुस्न मगर इश्क़ का जवाब नहीं।

मेरी निगाह में जलवे हैं, जलवे ही जलवे
यहाँ हिजाब नहीं है, यहाँ नक़ाब नहीं।

न पूछिए मेरी दुनिया को, मेरी दुनिया में
ख़ुद आफ़ताब भी ज़र्रा है, आफ़ताब नहीं।

सभी हैं मयकदए-दहर में ख़िरद वाले
कोई ख़राब नहीं है, कोई ख़राब नहीं।

मजाज़ किसको मैं समझाऊँ, कोई क्या समझे
कि कामियाबे-मुहब्बत भी कामियाब नहीं।

◆◆◆

●

नहीं ये फ़िक्र कोई रहबरे-कामिल नहीं मिलता
कोई दुनिया में मानूसे-मिज़ाजे-दिल नहीं मिलता।

कभी साहिल पे रहकर शौक़, तूफ़ानों से टकराएं
कभी तूफ़ाँ में रहकर फ़िक्र है साहिल नहीं मिलता।

ये आना कोई आना है कि बस रस्मन चले आए
ये मिलना ख़ाक मिलना है कि दिल से दिल नहीं मिलता।

शिकस्ता-पा को मुज़्दा, ख़स्तगाने-राह को मुज़्दा
कि रहबर को सुराग़े-जादए-मंज़िल नहीं मिलता।

वहाँ कितनों को तख़्तो-ताज का अरमाँ है क्या कहिए
जहाँ सायल को अक्सर कासए-सायल नहीं मिलता।

ये क़त्ले-आम और बेइज़्न क़त्ले-आम क्या कहिए
ये बिस्मिल कैसे बिस्मिल हैं जिन्हें क़ातिल नहीं मिलता।

◆◆◆

●

यूँही बैठे रहो बस दर्दे-दिल से बेख़बर होकर
बनो क्यों चारागर[1] तुम, क्या करोगो चारागर होकर।

दिखा दे एक दिन ऐ हुस्ने-रंगीं जल्वागर होकर
वो नज़्ज़ारा जो इन आँखों में रह जाए नज़र होकर।

दिले-सोज़-आश्ना[2] के जल्वे थे जो मुन्तशिर[3] होकर
फ़िज़ाए-दहर[4] में चमका किए बर्क़ो-शरर[5] होकर।

वही जल्वे जो इक दिन दामने-दिल से गुरेज़ाँ थे
नज़र में रह गए गुल हाए-दामाने नज़र होकर।

फ़लक की सम्त किस हसरत से ताकते हैं मआज़ अल्लाह[6]
ये नाले नारसा होकर, ये आहें बेअसर होकर।

ये किसके हुस्न के रंगीन जल्वे छाए जाते हैं
शफ़क. की सुर्ख़ियाँ बनकर, तजल्लीए-सहर होकर

◆◆◆

1. काम बनाने या करने वाला, दोस्त, 2. जलने वाला दिल, 3. बिखरना, 4. दुनिया, 5. बिजली और चिनगारी, 6. ख़ुदा की पनाह।

एक जिलावतन की वापसी

फिर ख़बर गर्म है वो जाने-वतन आता है
फिर वो ज़िन्दानिए-ज़िन्दाने-वतन[1] आता है

वो ख़राबे-गुलो-रेहाने-वतन[2] आता है
मिस्र से यूसुफ़े-कनआने-वतन आता है

"कोई माशूक़ बसद शोकतो-नाज़ आता है
सुर्ख़ बैरक़[3] है समन्दर में जहाज़ आता है"

रिन्दे-बेकैफ़ को थी बादाओ-साग़र की तलाश
नाज़िरे-मंज़रे-फ़ितरत[4] को थी मंज़र की तलाश

एक भौंरे को ख़िजाँ[5] में थी गुले-तर की तलाश
खुद सनम-ख़ानए-आज़र को थी आज़र की तलाश

मुज़्दा[6] ऐ दोस्त कि वो-जाने बहार आ पहुँचा
अपने दामन में लिए बर्क़ो-शरार आ पहुँचा

अपना परचम कुछ इस अन्दाज़ से लहराता है
रंग अग़ियार[7] के चेहरों का उड़ा जाता है।

---

1. वतन की क़ैद का क़ैदी, 2. वतन के गुलिस्तान का परेशान हाल शख़्स, 3. लाला झंड़ा, 4. प्रकृति के दृश्यों को देखने वाला, 5.पतझड़, 6. खुश-ख़बरी, 7. ग़ैरों।

कोई शादाँ[1], कोई हैराँ, कोई शरमाता है
कौन ये साहिले-मशरिक़[2] से नज़र आता है

अपने मयख़ाने का इक मयकशे-बे-हाल है ये
हाँ वही मर्दे-जवाँ-बख़्तो-जवाँ-साल है ये

मर्दे-सरक़श तुझे आदम की कहानी की क़सम
रुहे-इन्साँ के तक़ाज़ाए-निहानी की क़सम

जज़्बए-ऐश की हर शोरिशे-फ़ानी की क़सम
तुझको अपनी उसी बदमस्त जवानी की क़सम

आ कि इक बार गले से तो लगा लें तुझको
अपने आग़ोशे-मुहब्बत में छिपा लें तुझको

नुत्क़[3] तो अब भी है पर शोला-फ़िशाँ[4] है कि नहीं
सोज़े-पिन्हाँ से तेरी रुह तपाँ है कि नहीं

तुझ पे ये बार गुलामी का गराँ[5] है कि नहीं
जिस्म में ख़ून जवानी का रवाँ है कि नहीं

और अगर है तो फिर आ तेरे परस्तार हैं हम
जिन्से-आज़ादिए-इन्साँ के ख़रीदार हैं हम

साक़िये-रिंद तेरे हैं, मये-गुलफ़ाम[6] तेरी
उठ कि आसूदा है फिर हसरते-नाकाम तेरी

बरहमन[7] तेरे हैं, कुल मिल्लते-इस्लाम तेरी
सुब्हे-काशी तेरी, संगम की हसीं शाम तेरी

---

1. खुश, 2. पूर्व के किनारे, 3. बोलने की ताक़त, 4. चिनगारी बरसाना, 5. भारी, 6. लाल रंग की शराब, 7. ब्राह्मण

देख शमशीर है ये, साज़ है ये, जाम है य
तू जो शमशीर उठा ले तो बड़ा काम है ये

देख बदला नज़र आता है गुलिस्ताँ का समाँ
साग़रो-साज़ न ले, जंग के नारे हैं यहाँ

ये दुआएं हैं, वो मज़लूम की आहों का धुवाँ
मायले-जंग नज़र आता है हर मर्दे-जवाँ

सरफ़रोशाने-बला-कश का सहारा बन जा
उठ और अफ़लाके-बगावत[1] का सितारा बन जा

◆◆◆

1. बग़ावत के आसमान।

किस से मुहब्बत है

बताऊँ क्या तुझे ऐ हमनशीं किस से मुहब्बत है
मैं जिस दुनिया में रहता हूँ, वो उस दुनिया की औरत है
सरापा रंगो-बू है, पैकरे-हुस्नो-लताफ़त है
बाहिश्ते-गोश होती हैं गोहर-अफ़्शानियाँ उसकी

वो मेरे आसमाँ पर अख़्तरे-सुब्हे-क़यामत है
सुरय्या-बख़्त है, ज़ोहरा-जबीं है, माह-तलअत है
मेरा ईमाँ है, मेरी ज़िंदगी है, मेरी जन्नत है
मेरी आँखों को ख़ीरा कर गईं ताबानियाँ उसकी

वो इक मिज़राब है और छेड़ सकती है रंगे-जाँ को
वो चिनगारी है लेकिन फूँक सकती है गुलिस्ताँ को
वो बिजली है जला सकती है सारी बज़्में-इमकाँ को
अभी मेरे ही दिल तक हैं शरर-सामानियाँ उसकी

ज़बाँ पर हैं अभी तक अज़्मतो-तक़्दीस के नग़्मे
वो बढ़ जाती है इस दुनिया से अक्सर इस क़दर आगे
मेरी तख़्ईल के बाज़ू भी उसको छू नहीं सकते
मुझे हैरान कर देती हैं नुक्ता-दानियाँ उसकी

जबीं पर साया-गुस्तर परतवे-क़न्दीले-रह्बानी
अज़ारे-नर्मो-नाज़ुक पर शफ़क़ की रंग-अफ़्शानी
क़दम पर लोटती है अज़्मते-ताजे-सुलैमानी
अज़ल से मोतक़िद है महफ़िले-नूरानियाँ उसकी

अदाएं लेके आई है वो फ़ितरत के ख़जानों से
जगा सकती है महफ़िल को नज़र के ताज़ियानों से
वो मलिका है, ख़िराज उसने लिए हैं बोस्तानों से
बस इक मैंने ही अक्सर की हैं नाफ़रमानियाँ उसकी

वो मेरी जुर्रअतों पर बेनियाज़ी की सज़ा देना
हवूस की ज़ुल्मतों पर नाज़ की बिजली गिरा देना
निगाहे-शौक़ की बेबाकियों पर मुस्करा देना
जुनूँ को दर्से-तमकीं दे गईं नादानियाँ उसकी

वफ़ा खुद की है और मेरी वफ़ा को आज़माया है
मुझे चाहा है मुझको अपनी आँखों पर बिठाया है
मेरा हर शेर तन्हाई में उसने गुनगुनाया है
सुनी हैं मैंने अक्सर छिप के नग़्मा-ख़्वानियाँ उसकी

मेरे चेहरे पर जब भी फ़िक्र के आसार पाए हैं
मुझे तस्कीन दी है मेरे अन्देशे मिटाए हैं
मेरे शाने पे सर तक रख दिया है, गीत गाए हैं
मेरी दुनिया बदल देती है खुश-अलहानियाँ उसकी

लबे-लालीं पे लाखा है, न रुख़्सारों पे ग़ाज़ा है
जबीने-नूर-अफ़शाँ पर न झूमर है, न टीका है
जवानी है सुहाग उसका, तबस्सुम उसका गहना है
नहीं आलूदए-ज़ुल्मत सहर-दामनियाँ उसकी

कोई मेरे सिवा उसका निशाँ पा ही नहीं सकता
कोई उस बारगाहे-नाज़ तक जा ही नहीं सकता
कोई उसके जुनूँ का ज़मज़मा गा ही नहीं सकता
झलकती हैं मेरे अशआर में जौलानियाँ उसकी

◆◆◆

मेहमान

आज की रात और बाक़ी है

कल तो जाना ही है सफ़र पे मुझे
ज़िंदगी मुन्तज़िर है मुँह फाड़े
ज़िंदगी ख़ाको-ख़ून में लुथड़ी
आँख में शोला-हाए-तुन्द[1] लिए

दो घड़ी खुद को शादमाँ कर लें
आज की रात और बाक़ी है

चलने ही को है इक समूम[2] अभी
रक़्स-फ़रमा है रुहे-बरबादी
बरबरीयत के कारख़ानों से
ज़लज़ले में है सीनए-गेती

ज़ौक़े-पिन्हाँ को कामराँ कर लें
आज की रात और बाक़ी है

एक पैमानए-मये सर-जोश
लुत्फ़े-गुफ़्तारे-गर्मिए-आग़ोश
बोसे-इस दर्जा आतशीं बोसे
फूँक डाले जो मेरी किश्ते-होश

रुह यख़-बस्ता[3] है तपाँ कर लें
आज की रात और बाक़ी है

---

1. तेज़ शोले(चिनगारियाँ), 2. गर्म हवा, लू 3. 1 बर्फ़ जमीं हुई, ठंडी।

एक दो और साग़रे-सरशार
फिर तो होना ही है मुझे हुशियार
छेड़ना ही है साज़े-जीस्त मुझे
आग बरसाएंग़े लबे-गुफ़्तार

कुछ तबीयत तो हम रवाँ कर लें
आज की रात और बाकी है

फिर कहाँ यह हसीं सुहानी रात
ये फ़राग़त, ये क़ैफ़ के लम्हात
कुछ तो आसूदगीए-जौक़े-निहाँ
कुछ तो तस्कीने-शोरिशे-जज़्बात

आज की रात जावेदाँ[2] कर लें
आज की रात, और आज की रात

◆◆◆

2. हमेशा रहने वाली चीज़।

शरारे

खुद को बहलाना था आख़िर, खुद को बहलाता रहा
मैं ब-ईं-सोज़े-दुरूँ[1] हँसता रहा, गाता रहा।

मुझको एहसासे-फ़रबे बे-रंगो-बू[2] होता रहा
मैं मगर फिर भी फ़रेबे-रंगो-बू खाता रहा।

मेरी दुनियाए-वफ़ा में क्या से क्या होने लगा
इक दरीचा बन्द मुझ पर एक वा[3] होने लगा।

इक निगाहे-नाज़ की फिरने लगीं आँखें मजाज़
इक बुते-काफ़िर का दिल दर्द-आश्ना होने लगा।

ऐन हंगामे-तरब, रुहे-तरब थर्रा गई
दफ़अतन[4] दिल के उफ़क़ पर इक घटा सी छा गई

एक आग़ोशे-तमन्ना का तक़ाजा देखकर
एक दिल की सर्द-मेहूरी भी मुझे याद आ गई।

मुजरिमे-सर-ताबिए-हुस्ने-जवाँ हो जाइए
गुलफ़िशानी ता-कुजा, शोला फ़िशाँ हो जाइए।

खाइएगा इक निगाहे-लुत्फ़ का कब तक फ़रेब
कोई अफ़साना बना कर बद-गुमाँ हो जाइए

◆◆◆

1. अन्दर का दुख, 2. शानो-शौकम के छल का आभास, 3. खुलना, 4. अचानक।

ख़्वाबे-सहर

मेह्‌र[1] सदियों से चमकता ही रहा अफ़लाक
पर
रात ही तारी रही इन्सान के इदराक पर

अक़्ल के मैदान में ज़ुल्मत[2] का डेरा ही रहा
दिल में तारीकी, दिमाग़ों में अँधेरा ही रहा

इक न इक मज़हब की सइए-ख़ाम[3] भी होती रही
अह्‌ले-दिल पर बारिशे-इल्हाम[4] भी होती रही

आसमानों से फ़रिश्ते भी उतरते ही रहे
नेक बन्दे भी ख़ुदा का काम करते ही रहे

इब्ने-मरियम[5] भी उठे, मूसीए-इमराँ[6] भी उठे
रामो-गौतम भी उठे, फ़िरऊनो-हामा भी उठे

अह्‌ले-सैफ़[7] उठते रहे, अह्‌ले-किताब आते रहे
ईं-जनाब[8] उठते रहे और आँ-जनाब[9] आते रहे

हुक्मराँ दिल पर रहे सदियों तलक अस्नाम भी
अब्रे-रहमत बनके छाया दह्‌र पर इस्लाम भी

मस्जिदों में मोलवी ख़ुत्बे सुनाते ही रहे
मंदिरों में बरहमन श्लोक गाते ही रहे

1. सूरज, 2. अँधेरा, 3. नाकाम कोशिश, 4. ईश्वर की ओर से आने वाली बात, 5. ईसा मसीह, 6. यहूदियों के पैग़म्बर हज़रत मूसा, 7. बहादुर, 8-9.आदर सूचक शब्द

आदमी मिन्नत-कशे अरबाबे इरफ़ाँ[1] ही रहा
दर्दे-इन्सानी मगर महरुमे-दरमाँ ही रहा

इक न इक दर पर जबीने-शौक़ घिसती ही रही
आदमीयत ज़ुल्म की चक्की में पिसती ही रही

रहबरी जारी रही, पैग़म्बरी जारी रही
दीन के पर्दे में जंगे-ज़रगरी[2] जारी रही

अह्ले-बातिन इल्म से सीनों को गरमाते रहे
जेह्ल के तारीक साए हाथ फैलाते रहे

ये मुसलसल आफ़तें, ये यूरिशें, ये क़त्ले-आम
आदमी कब तक रहे औहामे-बातिल[3] का ग़ुलाम

ज़ह्ने-इन्सानी ने अब औहाम के ज़ुल्मात[4] में
ज़िंदगी की सख़्त तूफ़ानी अँधेरी रात में

कुछ नहीं तो कम से कम ख़्वाबे-सहर देखा तो है
जिस तरफ़ देखा न था अब तक उधर देखा तो है

◆◆◆

1. जानने वालों का एहसान मंद, 2. झूठी या ज़बानी लड़ाई, 3. झूठा वह्म, 4. अंधेरे।

हुस्नो-इश्क़

मुझ से मत पूछ मेरे हुस्न में क्या रक्खा है
आँख से परदए-ज़ुल्मात उठा रक्खा है
मेरी दुनिया कि मेरे ग़म से जहन्नम-बर-दोश[1]
तूने दुनिया को भी फ़िरदौस बना रक्खा है

मुझ से मत पूछ "तेरे इश्क़ में क्या रक्खा है"
सोज़ को साज़ के पर्दे में छिपा रक्खा है
जगमगा उठती है दुनियाए-तख़य्युल जिस से
दिल में वो शोलए-जाँ-सोज़ दबा रक्खा है

◆◆◆

1. काँधे पर नर्क उठाए

गुरेज़[1]

ये जाकर कोई बज़्मे-ख़ूबाँ[2] में कह दे
कि अब दरख़ुरे-बज़्मे-ख़ूबाँ नहीं मैं

मुबारक तुम्हें क़स्रो-एवाँ तुम्हारे
वो दिलदादए-क़स्रो-एवाँ[3] नहीं मैं

जवानी भी सरकश, मुहब्बत भी सरकश
वो ज़िन्दानिए-ज़ुल्फ़े-पेचाँ नहीं मैं

तड़प मेरी फ़ितरत, तड़पता हूँ लेकिन
वो ज़ख़्मीए-पैकाने-मिज़्गाँ[5] नहीं मैं

धड़कता है दिल अब भी रातों को लेकिन
वो नौहा-गरे-दर्दे-हिज्राँ नहीं मैं

शराबो-शबिस्ताँ का मारा हूँ लेकिन
वो ग़र्क़े-शराबो-शबिस्ताँ नहीं मैं

क़सम नुत्क़ की शोला-अफ़्शानियों की
कि शायर तो हूँ, अब ग़ज़ल-ख़्वाँ नहीं मैं

◆◆◆

---

1. भागना, दूरी बनाना, 2. प्रेमिका की महफ़िल, 3. प्रेमिका की महफ़िल के योग्य, 4. महलों का शौकीन, 5. प्रेमिका की पलकों के भाले का जख़्मी।

इधर भी आ

ये जोहदो-कशमश[1], ये ख़रोशे-जहाँ[2] भी देख
इदबार की सरों पे घनी बदलियाँ भी देख
ये तोप, ये तुफ़ंग, ये तेग़ो-सिनाँ भी देख
ओ कुश्तए-निगारे-दिल-आरा[4] इधर भी आ

आ और बिगुल का नग्मए-जाँ-आफ़रीं भी सुन
आ बेकसों का नालए-अन्दोहगीं भी सुन
आ बाग़ियों का ज़मज़मए-आतशीं भी सुन
ओ मस्ते-साज़ो-बरबतो-नग्मा इधर भी देख

तक़्दीर कुछ हो, काविशे-तदबीर भी तो है
तख़्रीब के लिबास में तामीर भी तो है
ज़ुल्मात के हिजाब में तन्वीर[5] भी तो है
आ, मुन्तज़िर है इशरते-फ़र्दा इधर भी आ

◆◆◆

1. कोशिश, सोच-विचार, 2. दुनिया का हंगामा, 3. गरीबी, 4. प्रेमिका का क़त्ल किया हुआ, 5. उजाला।

ज़िंदगी साज़ दे रही है मुझे
सेह्रो-एजाज़[1] दे रही है मुझे
और बहुत दूर आसमानों से
मौत आवाज़ दे रही है मुझे

अपना ग़म औरों को दें, औरों का ग़म लेने से क्या
तेरी किश्ती पार लग जाएगी, इस खेने से क्या
बात तो जब है कि मर जा अर्सा-गाहे-रज़्म[2] में
इस पे दम देने से क्या, और उस पे दम देने से क्या

ख़िरमने-दिल जला रहा हूँ मैं
नक़्शे-हस्ती मिटा रहा हूँ मैं
तू न मग़मूम हो मगर ऐ दोस्त
तेरी ही सिम्त आ रहा हूँ मैं

◆◆◆

1. जादू, चमत्कार, 2. दुनिया की लड़ाई।

●

ये जहाँ बारगाहे-रत्ले-गराँ[1] है साक़ी
इक जहन्नुम मेरे सीने में तपाँ है साक़ी।

जिसने बरबाद किया, मायले-फ़रियाद किया
वो मुहब्बत अभी इस दिल में जवाँ है साक़ी।

एक दिन आदमो-हव्वा भी किए थे पैदा
वो अख़ूवत[2] तेरी महफ़िल में कहाँ है साक़ी।

हर चमन दामने-गुलरंग है ख़ूने-दिल से
हर तरफ़ शेवनो-फ़रियादो-फ़ोग़ाँ है साक़ी।

माहो-अन्जुम मेरे अश्कों से गोहर-ताब हुए
कहकशाँ नूर की इक जूए-रवाँ[3] है साक़ी।

हुस्न ही हुस्न है, जिस सम्त भी उठती है नज़र
कितना पुर-कैफ़ ये मंज़र, ये समाँ है साक़ी।

मेरे हर लफ़्ज में बेताब मेरा सोज़े-निहाँ
मेरी हर साँस मुहब्बत का धुवाँ है साक़ी।

◆◆◆

1. शराब का जाम, 2. मुहब्बत, 3. बहती हुई नहर।

●

जिगर और दिल को बचाना भी है
नज़र आप ही से मिलाना भी है।

मुहब्बत का हर भेद पाना भी है
मगर अपना दामन बचाना भी है

ये बिजली चमकती है क्यों दम-ब-दम
चमन में कोई आशियाना भी है।

ख़िरद की इताअत ज़रुरी सही
यही तो जुनूँ का ठिकाना भी है।

मुझे आज साहिल पे रोने भी दो
कि तूफ़ान में मुस्कराना भी है।

ज़माने से आगे भी बढ़िए मजाज़
जमाने को आगे बढ़ाना भी है।

◆◆◆

अक़्ल की सतह से कुछ और उभर जाना था।
इश्क़ को मंज़िले-पस्ती से गुज़र जाना था।

जलवे थे हल्क़ए हर दामे-नज़र से बाहर
मैंने हर जलवे को पाबन्दे-नज़र जाना था।

हुस्न का ग़म भी हसीं, फ़िक्र हसीं, दर्द हसीं
उनको हर रंग में हर तौर सँवर जाना था।

हुस्न ने शौक़ के हंगामे तो देखे थे बहुत
इश्क़ के दावए-तक़्दीस से डर जाना था।

ये तो क्या कहिए चला था मैं कहाँ से हमदम
मुझको ये भी न था मालूम कि घर जाना था।

हुस्न और इश्क़ को दे तानए-बेदाद मजाज़
तुमको तो सिर्फ़ इसी बात से डर जाना था।

◆◆◆

बोल! अरी ओ धरती बोल!

बोल! अरी ओ धरती बोल!
राज सिंहासन डाँवा-डोल।

बादल-बिजली, रैन अंधियारी दुख की मारी परजा सारी
बूढ़े बच्चे सब दुखिया हैं दुखिया नर हैं, दुखिया नारी
बस्ती-बस्ती लूट मची है सब बनिये हैं, सब ब्योपारी

बोल! अरी ओ धरती बोल!
राज सिंहासन डाँवा-डोल।

कलजुग में जग के रखवाले चाँदी वाले, सोने वाले
देसी हो या परदेसी हो, नीले, पीले, गोरे, काले
मक्खी भिनके, भिन-भिन करते ढूँढ़े हैं मकड़ी के जाले

बोल! अरी ओ धरती बोल!
राज सिंहासन डाँवा-डोल।

क्या अफ़रंगी, क्या तातारी, आँख बची और बरछी मारी
कब तक जन्ता की बेचैनी, कब तक जन्ता की बेज़ारी
कब तक सरमाये के धंधे, कब तक ये सरमायादारी

बोल! अरी ओ धरती बोल!
राज सिंहासन डाँवा-डोल।

नामी और मशहूर नहीं हम लेकिन क्या मज़दूर नहीं हम
धोखा और मज़दूरों को दें ऐसे तो मजबूर नहीं हम
मंज़िल अपने पाँव के नीचे मंज़िल से अब दूर नहीं हम

बोल! अरी ओ धरती बोल!
राज सिंहासन डाँवा-डोल।

बोल कि तेरी ख़िदमत की है, बोल कि तेरा काम किया है
बोल कि तेरे फल खाए हैं, बोल कि तेरा दूध पिया है
बोल कि हमने हश्र उठाया, बोल कि हमने हश्र उठाया

बोल कि हमसे जागी दुनिया
बोल कि हमसे जागी धरती
बोल! अरी ओ धरती बोल!
राज सिंहासन डाँवा-डोल।

◆◆◆

मज़ारे-रहनुमा

(डॉ. अन्सारी मरहूम के मज़ार पर)

सुनें अरबाबे-दिल, अह्ले-नज़र भी
निहाँ है संग पारों[1] में गोहर[2] भी

जमाले-क़ौम भी, साहब-नज़र भी
मुसाफ़िर भी, ख़िज़र[3] भी, चारागर भी

ख़ुनक और मरमरीं मदफ़न में पिन्हाँ
ख़रोशे-बर्क़, तूफ़ाने-शरर भी

सुकूने-दैर, तक़्दीसे-कलीसा
गुदाज़े-उम्मते-ख़ैरुल-बशर भी

ये तुरबत है अमीरे-कारवाँ की
ये मंज़िल भी है, शम्ए-रहगुज़र भी

◆◆◆

1. पत्थरों के टुकड़े, 2. मोती, 3. राह दिखाने वाला।

एक ग़मगीन याद

मेरे पहले-ब-पहलू जब वो चलती थी गुलिस्ताँ में
फ़राज़े-आसमाँ[1] पर कहकशाँ हसरत से तकती थी
मुहब्बत जब चमक उठती थी उसकी चश्मे-ख़ंदां[2] में
ख़ुमिस्ताने-फ़लक से नूर की सहबा[3] छलकती थी

मेरे बाज़ू पे जब वह ज़ुल्फ़े-शब-गूँ[4] खोल देती थी
ज़माना निकहते-ख़ुल्दे-बरीं[5] में डूब जाता था
मेरे शाने पे जब सर रख के ठंडी साँस लेती थी
मेरी दुनिया में सोज़ो-साज़ का तूफ़ान आता था

वो मेरा शेर जब मेरी ही लय में गुनगुनाती थी
मनाज़िर झूमते थे बामो-दर को वज्द आता था
मेरी आँखों में आँखें डालकर जब मुस्कराती थी
मेरे ज़ुल्मत-कदे का ज़र्रा-ज़र्रा जगमगाता था

उमड़ आते थे जब अश्के-मुहब्बत उसकी पलकों तक़
टपकती थी दरो-दीवार से शोख़ी तबस्सुम की
जब उसके होंठ आ जाते थे अज़-ख़ुद[6] मेरे होठों तक
झपक जाती थीं आखें आसमाँ पर माहो-अन्जुम की

वो जब हंगामे-रुख़्सत देखती थी मुझको मुड़-मुड़कर
तो ख़ुद फ़ितरत के दिल में महशरे-जज़्बात होता था
वो महूवे-ख़्वाब जब होती थी अपने नर्म बिस्तर पर
तो उसके सर पे मरियम का मुक़द्दस हाथ होता था

◆◆◆

---

1. आसमान की ऊँचाई, 2. हंसती आँखें, 3. शराब, 4. काली ज़ुल्फ़, 5. स्वर्ग की ख़ुशबू , 6. स्वयं

शहूरे-निगार

रुख़्सत ऐ हमसफ़रो शहूरे-निगार आ ही गया
खुल्द भी जिस पे हो कुरबाँ वो दयार आ ही गया

ये जुनूँ-ज़ार मेरा, मेरे ग़ज़ालों का जहाँ
मेरा नज्द आ ही गया, मेरा ततार आ ही गया

गेसुओं वालों में, अबरु के कमाँदारों में
एक सैद आ ही गया, एक शिकार आ ही गया

बाग़बानों को बताओ, गुलो-नसरीं से कहो
इक ख़राबे-गुलो-नसरीने-बहार आ ही गया

ख़ैरमक़्दम को मेरे कोई ब-हंगामे-सहर
अपनी आँखों में लिए शब का खुमार आ ही गया

ज़ुल्फ़ का अब्रे-सियह बाज़ुए-सीमीं पे लिए
फिर कोई ज़ख़्मा-ज़ने-साज़े-बहार[1] आ ही गया

हो गई तश्नालबी आज रहीने-कौसर
मेरे लब पर लबे-लालीने-बहार आ ही गया

---

1. बहार का साज़ बजाने वाला आला।

आहंगे-नौ

ऐ जवानाने-वतन, रुह जवाँ है तो उठो
आँख इस महशरे-नौ की निगराँ है तो उठो
ख़ौफ़े-बे-हुरमतियो-फ़िक्रे-ज़ियाँ है तो उठो
पासे-नामूसे-निगाराने-जहाँ है तो उठो

उट्ठो नक़्क़ारए-अफ़लाक बजा दो उठकर
एक सोए हुए आलम को जगा दो उठकर

एक-इक सम्त से शबख़ून[1] की तय्यारी है
लुत्फ़ का वादा है और मश्क़े-जफ़ाकारी है
महफ़िले-ज़ीस्त पे फ़रमाने-क़ज़ा जारी है
शहर तो शहर है गाँवों पे भी बमबारी है

ये फ़िज़ा में जो गरजते हुए तय्यारे[2] हैं
बर-सरे-दोशे-हवा मौत के हरकारे हैं

उस तरफ़ हाथों में शमशीरें ही शमशीरें हैं
इस तरफ़ ज़हन में तदबीरें ही तदबीरें हैं
ज़ुल्म पर ज़ुल्म हैं, ताज़ीरों[3] पे ताज़ीरें हैं
सर पे तलवार है और पाँव में जंजीरें हैं

एक हो एक कि हंगामए-महशर है यही
अर्सए-ज़ीस्त का हंगामए-अकबर है यही

---

1. रात के समय किया जाने वाला हमला, 2. जहाज़, 3. सज़ा।

अपनी सरहद पे जो अग़ियार चले आते हैं
शोला-अफ़्शानो-शररबार[1] चले आते हैं
ख़ून पीते हुए सरशार चले आते हैं
तुम जो उठ जाओ तो बेकार चले आते हैं

ख़ूँ जो बह निकला है उस ख़ूँ में बहा दो इनको
उनकी खोदी हुई ख़ंदक़ में गिरा दो इनको

रंगे-गुल-हाए-गुलिस्ताने-वतन तुम से है
शोरिशे-नारए-रिन्दाने-वतन तुम से है
नश्शए-नर्गिसे-ख़ूबाने-वतन तुम से है
इफ़्फ़ते-माहे-जबीनाने-वतन[2] तुम से है

तुम हो ग़ैरत के आमीं, तुम हो शराफ़त के अमीं
और ये ख़तरे में है, एहसास तुम्हें है कि नहीं

ये दरिन्दे, ये शराफ़त के पुराने दुश्मन
तुम कि हो हामिले-आदाबो-रवायाते-कोहन
जादा-पैमा[3] के ख़िज़्र[4] हो तुम, ये रहज़न
तुम हो ख़िरमन के निगहबान, ये बर्क़े-ख़िरमन[5]

ख़ित्तए-पाक में ज़िनहार न आने पाएं
आ ही जाएं जो ये ज़िंदा तो न जाने पाएं

मर्दो-ज़न, पीरो-जवाँ इनके मज़ालिम के शिकार
ख़ूने-मासूम में डूबी हुई इनकी तलवार
ये क़यामत के हवस्नाक, ग़ज़ब के ख़ूँ ख़्वार
इनके इसियाँ की न हद है, न जराएम का शुमार

ये तरह्हुम से न देखेंगे किसी की जानिब
इनकी तोपों के दहन कर दो इन्हीं की जानिब

---

1. चिनगारी बरसाना, 2. देश की हसीनाओं की आबरु, 3. राहगीर, 4. राह दिखाने वाला, 5. खीलहान पर गिरने वाली बिजली।

ये तो हैं फ़िल्लए-बेदार दबा दो इनको
ये मिटा देंगे तमद्दुन को, मिटा दो इनको
फूँक दो इनको, झुलस दो कि जला दो इनको
शाने-शायाने-वतन हो ये बता दो इनको

याद है तुमको किन अस्लाफ़[1] की तुम यादें हो
तुम तो ख़ालिद के पिसर, भीम की औलादें हो

तुम तो तन्हा भी नहीं हो कई दमसाज़ भी हैं
रुस के मर्द भी हैं, चीन के जाँबाज़ भी हैं
कुछ न कुछ साथ फ़िरंगीए-फ़ुसूँ-साज़ भी हैं
और हम जैसे कई ज़मज़मा-परदाज़[2] भी हैं

दूर इन्सान के सर से ये मुसीबत कर दो
आग दो ज़ख़ की बुझा दो, उसे जन्नत कर दो

◆◆◆

1.पुरखे, 2.गीत गाने वाले।

एक दोस्त की ख़ुश मज़ाक़ी पर

हो नहीं सकता तेरी इस "ख़ुश मज़ाक़ी" का जवाब
शाम का दिलकश समाँ और तेरे हाथों में किताब

रख भी दे अब इस किताबे-ख़ुश्क़ को बालाए-ताक़
उड़ रहा है रंगो-बू की बज़्म में तेरा मज़ाक़

छिप रहा है पर्दए-मग़रिब[1] में मेहूरे-ज़र फ़िशाँ[2]
दीद के क़ाबिल हैं बादल में शफ़क़[3] की सुर्ख़ियाँ

मौजज़न जूए-शफ़क़ है इस तरह ज़ेरे-सहाब[4]
जिस तरह रंगीन शीशों में झलकती है शराब

इक निगारे-आतशीं हर शय पे है छया हुआ
जैसे आरिज़ पर उरुसे-नौ[5] के हो रंगे-हया

शानए-गेती[6] पे लहराने को हैं गेसूए-शब
आसमाँ पर मुनअक़िद होने को है बज़्मे-तरब

उड़ रहे हैं गुस्तजू में आशियानों के तयूर[7]
आ चला है आइने में चाँद के हल्का सा नूर

देख कर ये शाम के नज़्ज़ारा-हाए-दिलनशीं
क्या तेरे दिल में ज़रा भी गुदगुदी होती नही

---

1. पश्चिम के पर्दे में, 2. चमकदार सूरज, 3. सूर्यास्त के बाद और सूर्योदय से पहले छाने वाली आसमान की लाली, 4. बादल, 5. नई दुल्हन, 6. धरती का कांधा।

क्या तेरी नज़रों को ये रंगीनियाँ भाती नहीं
क्या हवाए-सर्द तेरे दिल को तड़पाती नहीं

क्या नहीं होती तुझे महसूस मुझको सच बता
तेज़ झोंकों में हवा को गुनगुनाने की सदा

सब्ज़ओ-गुल देखकर तुझको ख़ुशी होती नहीं
उफ़ तेरे एहसास में इतनी भी रंगीनी नहीं

हुस्ने-फ़ितरत[1] की लताफ़त[2] का जो तू क़ायल नहीं
मैं ये कहता हूँ तुझे जीने का हक़ हासिल नहीं

◆◆◆

1. प्रकृति की सुंदरता, 2. ख़ूबी।

दिल को मह्वे-ग़मे-दिलदार किए बैठे हैं
रिंद बनते हैं मगर ज़ह्र पिये बैठे हैं
चाहते हैं कि हर इक ज़र्रा शिगूफ़ा बन जाए
और ख़ुद दिल ही में इक ख़ार लिए बैठे हैं

ये माना आज दिल फ़र्ते-अलम[1] से पारा-पारा है
बलन्दी देखने वाले को पस्ती भी गवारा है
हज़ारों के लिए मैं गिर चुका हूँ बामे-गर्दूं[2] से
हज़ारों वो हैं जिनको मैंने गर्दूं से उतारा है

◆◆◆

1. दुख की अधिकता, 2. आसमान की छत।

●

सारा आलम गोश-बर-आवाज़[1] है
आज किन हाथों में दिल का साज़ है।

हाँ, ज़रा जुर्रत दिखा ऐ जज़्बे-दिल
हुस्न को पर्दे पे अपने नाज़ है।

हमनशीं दिल की हक़ीक़त क्या कहूँ
सोज़ में डूबा हुआ इक साज़ है।

आपकी मख़मूर आँखों की क़सम
मेरी मयख़्वारी अभी तक राज़ है।

हँस दिए वो मेरे रोने पर मगर
उनके हँस देने में भी इक राज़ है।

छिप गए वो साज़े-हस्ती छेड़कर
अब तो बस आवाज़ ही आवाज़ है।

हुंस्न को नाहक़ पशेमाँ कर दिया
ऐ जुनूँ ये भी कोई अंदाज़ है।

सारी महफ़िल जिस पे झूम उट्ठी मजाज़
वो तो आवाज़े-शिक़स्ते-साज़[2] है।

◆◆◆

1. किसी बात को सुनने के लिए आतुर, 2. साज़ के टूटने की आवाज़।

●

आशिक़ी जाँ-फ़िज़ा भी होती है
और सब्र-आज़मा भी होती है।
रुह होती है कैफ़-परवर भी
और दर्द-आश्ना भी होती है।
हुस्न को कर न दे ये शर्मिन्दा
इश्क़ से ये ख़ता भी होती है।
बन गई रस्मे-बादा-ख़्वारी भी
ये नमाज़ अब क़ज़ा भी होती है।
जिस को कहते हैं, नालए-बरहम
साज़ में वो सदा भी होती है।
क्या बता दो मजाज़ की दुनिया
कुछ हक़ीक़त नुमा भी होती है।

◆◆◆

●

परतवे-साग़रे-सहबा क्या था,
रात इक हश्र सा बरपा क्या था।
क्यों जवानी की मुझे याद आई
मैंने इक ख़्वाब सा देखा क्या था।
हुस्न की आँख भी नमनाक हुई
इश्क़ को आपने समझा क्या था।
इश्क़ ने आँख झुका ली वरना
हुस्न और हुस्न का परदा क्या था।

क्यों मजाज़ आपने साग़र तोड़ा
आज ये शहर में चर्चा क्या था।

◆◆◆

नग़मए-टैगोर

(गार्डनर का अनुवाद)

मैंने हंगामे-सुब्ह ऐ दुनिया
तेरे गुल्शन से एक गुल तोड़ा
अपने सीने पे दी जगह उसको
चुभ गया दिल में लेकिन इक काँटा
शाम होते ही मैंने ये देखा
गुल था पज़मुर्दा[1] दर्द बाक़ी था
हुस्नो-ख़ूबी में इक से इक बढ़कर
और भी होंगे तुझ में गुल पैदा
मेरी गुलचीनियों[2] का वक़्त मगर
एक मुद्दत हुई कि ख़त्म हुआ
और अब जब कि रात तारी है
गुल नहीं पास दर्द बाक़ी है।

◆◆◆

1. मुरझाया हुआ, 2. फूल तोड़ना।

आज की रात

देखना ज़ज़्बे-मुहब्बत का असर आज की रात
मेरे शाने पे है उस शोख़ का सर आज की रात

और क्या चाहिए अब ऐ दिले-मजरुह तुझे
उसने देखा तो ब-अन्दाज़े-दिगर आज की रात

फूल क्या ख़ार भी हैं आज गुलिस्ताँ-ब-कनार
संगरेज़े हैं निगाहों में गोहर आज की रात

महूवे-गुलगश्त[1] है ये कौन मेरे दोश-ब-दोश
कहकशाँ बन गई हर राहगुज़र आज की रात

फूट निकला दरो-दीवार से सैलाबे-निशात
अल्लह-अल्लाह मेरा कैफ़े-नज़र आज की रात

शबनमिस्ताने-तजल्ली का फुसूँ क्या कहिए
चाँद ने फेंक दिया रख़्ते-सफ़र[2] आज की रात

नूर ही नूर है किस सम्त उठाऊँ आँखें
हुस्न ही हुस्न है ता हद्दे-नज़र आज की रात

कस्रे-गेती[3] में उमड आया है सैलाबे-हयात
मौत लरजाँ है पसे-पर्दए-दर आज की रात

1.बाग की सैर में मगन, 2.सफ़र का सामान, 3.धरती का महल, 4.चमकदार माथा।

अल्लह-अल्लाह वो पेशानिए-सीमीं[4] का जमाल
रह गई जम के सितारों की नज़र आज की रात

आरिज़े-गर्म पे वो रंगे-शफ़क की लहरें
वो मेरी शोख़ निगाही का असर आज की रात

नगिर्से-नाज़ में वो नींद का हल्का सा ख़ुमार
वो मेरे नग़्मए-शीरीं का असर आज की रात

नग़्मओ-मय का ये तूफ़ाने-तरब क्या कहिए
घर मेरा बन गया ख़य्याम का घर आज की रात

वो तबस्सुम ही तबस्सुम का जमाले-पैहम
वो मुहब्बत ही मुहब्बत की नज़र आज की रात

उफ़ वो वारफ़्तगिए-शौक़ में इक वह्मे-लतीफ़
कपकपाते हुए होठों से नज़र आज की रात

अपनी रिफ़अत पे जो नाज़ाँ हैं तो नाज़ाँ ही रहें
कहदो अन्जुम से कि देखें न इधर आज की रात

उनके अल्ताफ़ का इतना ही फ़ुसूँ काफ़ी है
कम है पहले से बहुत दर्दे-जिगर आज की रात

◆◆◆

इशरते-तन्हाई[1]

मैं कि मयख़ानए-उल्फ़त का पुराना मय-ख़्वार
महफ़िले-हुस्न का इक मुतरिबे-शीरीं-गुफ़्तार[2]
माह-पारों का हदफ़, ज़ोहरा-जबीनों का शिकार
नग़्मा-पैरा ओ-नवा-संजो-ग़ज़ल-ख़्वाँ हूँ मैं

कितने दिलकश मेरे बुत ख़ानए-ईमाँ के सनम
वो कलीसाओं के आहू, वो ग़ज़ालाने-हरम
मैं हमा-शौक़ो-मुहब्बत, वो हमा-लुत्फ़ो-करम
मरकज़े-मरहमते-महफ़िले-ख़ूबाँ हूँ मैं

मौज-ज़न है मये-इशरत मेरे पैमानों में
यास[3] का दर्द है कमतर मेरे अफ़सानों में
कामरानी है पुर-अफ़्शाँ मेरे रुमानों में
यास की सइए-जुनूँ-ख़ेज़ पे ख़न्दाँ हूँ मैं

मेरे अफ़कार में महताब की तलअत[4] ग़लताँ[5]
मेरी गुफ़्तार में है सुब्ह की नुज़हत[6] ग़ल्ताँ
मेरे अशआर में है फूलों की निकहत ग़ल्ताँ
रुहे-गुलज़ार हूँ मैं, जाने गुलिस्ताँ हूँ मैं

---

1. अकेलेपन का सुख, 2. मीठे गीत गाने वाला, 3. मायूसी, 4. चेहरा, 5. लुढ़कता हुआ, 6. बनाव-सिंगार का शौक़, 7. एकान्त का सुख।

लाख मजबूर हूँ मैं ज़ौक़े-ख़ुद-आराई[6] से
दिल है बेज़ार बहुत इशरते-तन्हाई[7] से
आँख मजबूर नहीं है मेरी बीनाई से
महरमे-दर्दो-ग़मे-आलमे-इन्साँ हूँ मैं

क्यों न चाहूँ कि हर इक हाथ में पैमाना हो
यासो-महरुमियो-मजबूरी इक अफ़साना हो
आम अब फ़ैज़े-मयो-साक़ियो-मयख़ाना हो
रिन्द हूँ और जिगर-गोशए-रिन्दाँ हूँ मैं

अब ये अरमाँ कि बदल जाए जहाँ का दस्तूर
एक-इक आँख में हो ऐशो-फ़राग़त का सुरुर
एक-इक जिस्म पे हो अतलसो-कमख़्वाबो-समूर
अब ये बात और है ख़ुद चाक गरेबाँ हूँ मैं

◆◆◆

अयादत[1]

ये कौन आ गया रुख़े-खंदा[2] लिए हुए
आरिज़ पे रंगो-नूर का तूफ़ाँ लिए हुए।

बीमार के क़रीब ब-सद शाने-एहतियात
दिलदारिए-नसीमे-बहाराँ लिए हुए।

रुख़्सार पर लतीफ़ सी इक मौज़े-सर ख़ुशी
लब पर हँसी का नर्म सा तूफ़ाँ लिए हुए।

पेशानिए जमील पे अनवारे-तमकनत
ताबिन्दगीए-सुब्हे-दरख़्शाँ लिए हुए।

ज़ुल्फ़ों के पेचो-ख़म में बहारें छिपी हुई
इक कारवाने-निकहते-बुस्ताँ लिए हुए।

आ ही गया वो मेरा निगारे-नज़र-नवाज़
ज़ुल्मत-कदे में शम्ए-फ़रोज़ाँ लिए हुए।

इक-इक अदा में सैकड़ों पहलूए-दिलदही
इक-इक नज़र में पुरसिशे-पिन्हाँ लिए हुए

---

1. बीमार का हाल पूछना, 2. मुस्कराता चेहरा, 3. अदाओं के प्रबन्ध के साथ, 4. पलकों का हिलना

मेरे सवादे-शौक़ का ख़ुरशीदे-नीम शब
अज़्मे-शिकस्ते-माहे-जबीनाँ लिए हुए।

दर्से-सुकूनो-सब्र ब-ईं-एहतिमामे-नाज़[3]
नश्तरज़नीए-जुबिशे-मिज़गाँ[4] लिए हुए।

आँखों से एक रौ[1] सी निकलती हुई हर आन
ग़रक़ाबिए-हयात का सामाँ लिए हुए।

मिलती हुई निगाह में बिजली भरी हुई
खिलते हुए लबों में गुलिस्ताँ लिए हुए।

ये कौन है मजाज़ से सरगर्मे-गुफ़्तगू
दोनों हथेलियों पे ज़नख़दाँ[2] लिए हुए।

◆◆◆

1. धार, 2. ठोड़ी।

नज़्रे-अलीगढ़[1]

सरशारे-निगाहे-नर्गिस[2] हूँ, पाबस्तए-गेसुए-सुम्बुल[3] हूँ
ये मेरा चमन, है मेरा चमन, मैं अपने चमन का बुलबुल हूँ

हर आन यहाँ सह्बाए-कोहन[4] इक साग़रे-नौ[5] में ढ़लती है
कलियों से हुस्न टपकता है, फूलों से जवानी उबलती है

जो ताक़े-हरम में रोशन है, वह शम्अ यहाँ भी जलती है
इस दश्त के गोशे-गोशे से इक जूए-हयात उबलती है

इस्लाम के इस बुत-ख़ाने[6] में अस्नाम[7] भी हैं और आज़र भी
तहज़ीब के इस मयख़ाने में शमशीर भी है और साग़र भी

याँ हुस्न की बर्क़[8] चमकती है, याँ नूर की बारिश होती है
हर आह यहाँ इक नग्मा है, हर अश्क यहाँ इक मोती है

हर शाम है शामे-मिस्र यहाँ, हर शब है शाबे-शीराज़ यहाँ
है सारे जहाँ का सोज़ यहाँ, और सारे जहाँ का साज़ यहाँ

ये दश्ते-जुनूँ दीवानों का, ये बज़्मे-वफ़ा परवानों की
ये शह्रे-तरब रुमानों का, ये ख़ुल्दे-बरीं अरमानों की

फ़ितरत ने सिखाई है हमको, उफ़्ताद यहाँ, परवाज़ यहाँ
गाए हैं वफ़ा के गीत यहाँ, छेड़ा है जुनूँ का साज़ यहाँ

---

1. यह नज़्म अलीगढ़ मुस्लिम यूनिवर्सिटी का तराना है, 2. प्रेमिका की आँखों के नशे का मस्त, 3. प्रेमिका की ज़ुल्फों से बंधा हुआ, 4. पुरानी शराब, 5. नए जाम, 6. मंदिर, 7. मूर्तियाँ, 8. बिजली

इस फ़र्श से हमने उड़-उड़कर अफ़लाक के तारे तोड़े हैं
नाहीद[9] से की है सरगोशी, परवीन[10] से रिश्ते जोड़े हैं

इस बज़्म में तेग़े खीचीं हैं, इस बज़्म में साग़र तोड़े हैं
इस बज़्म में आँख बिछाई है, इस बज़्म में दिल तक जोड़े हैं

इस बज़्म में नेज़े फ़ेंके हैं, इस वज़्म में खंज़र चूमे हैं
इस बज़्म में गिरकर तड़पे हैं, इस बज़्म में पीकर झूमे हैं

आ-आके हज़ारों बार यहाँ खुद आग भी हमने लगाई है
फिर सारे जहाँ ने देखा है यह आग हमीं ने बुझाई है

याँ हमने कमन्दें डाली हैं, याँ हमने शबख़ूँ[1] मारे हैं
याँ हमने क़बाएं नोची हैं, याँ हमने ताज उतारे हैं

हर आह है खुद तासीर यहाँ, हर ख़्वाब है खुद ताबीर यहाँ
तदबीर के पाए-संगीं पर झुक जाती है तक़्दीर यहाँ

ज़र्रात का बोसा लेने को सौ बार झुका आकाश यहाँ
खुद आँख से हमने देखी है बातिल[2] की शिकस्ते-फ़ाश[3] यहाँ

इस गुल-कदए-पारीना[4] में फिर आग भड़कने वाली है
फिर अब्र गरजने वाले हैं, फिर बर्क़ कड़कने वाली है

जो अब्र यहाँ से उट्ठेगा, वो सारे जहाँ पर बरसेगा
हर जूए-रवाँ पर बरसेगा, हर कोहे-गराँ पर बरसेगा

हर सर्वो-समन पर बरसेगा, हर दश्तो-दमन पर बरसेगा
खुद अपने चमन पर बरसेगा, ग़ैरों के चमन पर बरसेगा

हर शहरे-तरब पर गरजेगा, हर क़स्त्रे-तरब पर कड़केगा
यह अब्र हमेशा बरसा है, यह अब्र हमेशा बरसेगा।

9. चमकदार तारा, 10. सात तारों का झुरमुट, 1. हमला, 2. झूठ, 3. बड़ी हार, 4. पुराना बाग़।

अँधेरी रात का मुसाफ़िर

जवानी की अँधेरी रात है, ज़ुल्मत का तूफ़ाँ है
मेरी राहों से नूरे-माहो-अंजुम तक गुरेजाँ है
ख़ुदा सोया हुआ है, अह्‌रमन[1] महशर-ब-दामाँ[2] है
मगर मैं अपनी मंज़िल की तरफ़ बढ़ता ही जाता हूँ

ग़मो-हिरमाँ की यूरिश है, मसायब की घटाएं हैं
जुनूँ की फ़ित्ना-ख़ेज़ी, हुस्न की ख़ूनीं अदाएं हैं
बड़ी पुरज़ोर आँधी है, बड़ी काफ़िर बलाएं हैं
मगर मैं अपनी मंज़िल की तरफ़ बढ़ता ही जाता हूँ

फ़िज़ा में मौत के तारीक साए थरथराते हैं
हवा के सर्द झोंके क़ल्ब पर ख़ंजर चलाते हैं
गुज़िश्ता इशरतों के ख़्वाब आईना दिखाते हैं
मगर मैं अपनी मंज़िल की तरफ़ बढ़ता ही जाता हूँ

ज़मीं-चीं-बर जबीं[3] है, आसमाँ तख़्रीब[4] पर मायल
रफ़ीक़ाने-सफ़र में कोई बिस्मिल है कोई घायल
तआक़ुब में लुटेरे है, चटानें राह में घायल
मगर मैं अपनी मंज़िल की तरफ़ बढ़ता ही जाता हूँ

उफ़क़ पर ज़िंदगी के लश्करे-ज़ुल्मत का डेरा है
हवादिस के क़यामत-ख़ेज़ तूफ़ानों ने घेरा है
जहाँ तक देख सकता हूँ अंधेरा ही अंधेरा है
मगर मैं अपनी मंज़िल की तरफ़ बढ़ता ही जाता हूँ

---

1. बुराई का देवता, 2. हंगामा खड़ा करना, 3. त्योरी पर बल पड़ना, 4. बिनाश।

चिराग़े-दैर[1], फ़ानूसे-हरम[2], क़िन्दीले-रहबानी[3]
ये सब हैं मुद्दतों से बेनियाज़े-नूरे-इरफ़ानी
न नाक़ूसे-बरहमन[4] है, न आहंगे-हुदी-ख़्वानी[5]
मगर मैं अपनी मंज़िल की तरफ़ बढ़ता ही जाता हूँ

तलातुम-ख़ेज़ दरिया, आग के मैदान हायल हैं
गरजती आँधियाँ, बिफरे हुए तूफ़ान हायल हैं
तबाही के फ़रिश्ते, जब्र के शैतान हायल हैं
मगर मैं अपनी मंज़िल की तरफ़ बढ़ता ही जाता हूँ

फिज़ा में शोला-अफ़्शाँ देवे-इस्तबदाद[6] का ख़ंजर
सियासत की सिनानें, अहले-ज़र के ख़ूँ-चकाँ[7] ख़ंजर
फ़रेबे-बेख़ुदी देते हुए बिल्लोर के साग़र
मगर मैं अपनी मंज़िल की तरफ़ बढ़ता ही जाता हूँ

बदी पर बारिशे-लुत्फ़ो-करम नेकी पे ताज़ीरें[8]
जवानी के हसीं ख़्वाबो की हैबतनाक ताबीरें
नुकीली तेज़ संगीनें हैं ख़ूँ-आशाम[9] शमशीरें
मगर मैं अपनी मंज़िल की तरफ़ बढ़ता ही जाता हूँ

हुकूमत के मज़ाहिर जंग के पुर-हौल नक़्शे हैं
कुदालों के मुक़ाबिल तोप, बन्दूकें हैं, नेज़े हैं
सलासिल, ताज़ियाने, बेड़ियाँ, फाँसी के तख़्ते हैं
मगर मैं अपनी मंज़िल की तरफ़ बढ़ता ही जाता हूँ

उफ़क़ पर जंग का ख़ूनीं सितारा जगमगाता है
हर इक झोंका हवा का मौत का पैग़ाम लाता है
घटा की घन-गरज से क़ल्बे-गेती[1] काँप जाता है
मगर मैं अपनी मंज़िल की तरफ़ बढ़ता ही जाता हूँ

फ़ना के आहनी वहशत-असर क़दमों की आहट है
धुवें की बदलियाँ हैं, गोलियों की सनसनाहट है
अजल के क़हकहे हैं, ज़लज़लों की गड़गड़ाहट है
मगर मैं अपनी मंज़िल की तरफ़ बढ़ता ही जाता हूँ

◆◆◆

1. मंदिर का दिया, 2. काबे का चिराग़, 3. गिरजे का चिराग, 4. ब्राह्मण का शंख, 5. ऊँट को चलाने के लिए गाया जाने वाला गीत, 6. ज़ुल्म का देव, 7. खून टपकता हुआ, 8. सज़ाएं, 9. ख़ूँख़्वार, 10. धरती का दिल।

●

वक़्त की सईए-मुसलसल कारगर होती गई
ज़िंदगी लहज़ा-ब-लहज़ा मुख़्तसर होती गई
साँस के पर्दों में बजता ही रहा साज़े-हयात
मौत के क़दमों की आहट तेज़-तर होती गई

●

ये कोट भी सफ़ेद, ये पतलून भी सफ़ेद
तेरे सफ़ेद हैट का है ऊन भी सफ़ेद
ख़ुद जिस्म भी सफ़ेद है और इसके साथ-साथ
मैं तो ये जानता हूँ तेरा ख़ून भी सफ़ेद

●

जवानी की निगाहें देखती हैं ऐन मस्ती में
अजल का वह्शियाना रक़्स अर्सागाहे-हस्ती में
ज़ईफ़ी महफ़िले-इशरत से ख़िरक़ा-पोश आती है
जवानी जब भी आती है कफ़न-बर-दोश[1] आती है

◆◆◆

1.कांधे पर कफ़न डाले हुए।

●

रहे-शौक़[1] से अब हटा चाहता हूँ
कशिश हुस्न की देखना चाहता हूँ।

कोई दिल सा दर्द-आश्ना चाहता हूँ
रहे-इश्क़ में रहनुमा चाहता हूँ।

तुझी से तुझे छीनना चाहता हूँ
ये क्या चाहता हूँ, ये क्या चाहता हूँ।

ख़ताओं पे जो मुझको घायल करे फिर
सज़ा और ऐसी सज़ा चाहता हूँ।

वो मख़्मूर नज़रें, वो मख़्मूर आँखें
ख़राबे-मुहब्बत हुआ चाहता हूँ।

वो आँखें झुकीं, वो कोई मुस्कराया
पयामे-मुहब्बत सुना चाहता हूँ।

तुझे ढूँढता हूँ, तेरी जुस्तजू है
मज़ा है कि खुद गुम हुआ चाहता हूँ।

ये मौजों की बेताबियाँ कौन देखे
मैं साहिल पे अब लौटना चाहता हूँ।

कहाँ का करम और कैसी इनायत
मजाज़ अब जफ़ा ही जफ़ा चाहता हूँ

1. प्रेम का रास्ता।

ख़ामशी का तो नाम होता है
वर्‌ना यूँ-भी कलाम होता है।

इश्क को पूछता नहीं कोई
इश्क़ का एहतिराम होता है।

आँख से आँख जब नहीं मिलती
दिल से दिल हम कलाम होता है।

हुस्न को शर्मसार करना ही
इश्क़ का इन्तक़ाम होता है।

अल्लह-अल्लह ये नाज़े-हुस्न मजाज़
इन्तज़ारे-सलाम होता है।

◆◆◆

●

ये मेरी दुनिया, ये मेरी हस्ती
नग़्मा-तराज़ी[1], सहबा-परस्ती[2]।

शायर की दुनिया, शायर की हस्ती
या नालए-ग़म, या शोरे-मस्ती।

सब से गुरेजाँ[3], सब पर बरसती
आँखों की मस्ती, मंहगी न सस्ती।

महवे-सफ़र हूँ, गर्मे-सफ़र हूँ
मेरी नज़र में रिफ़अत[4] न पस्ती।

उन अँखड़ियों का आलम न पूछो
सहबा ही सहबा, मस्ती ही मस्ती।

वो आ भी जाते, वो हो भी जाते
चश्मे-तमन्ना फिर भी तरसती।

उनका करम है उनकी मुहब्बत
क्या मेरे नग़्मे, क्या मेरी हस्ती।

◆◆◆

---

1. अच्छा गीत गाना, 2. शराब पीना, 3. भागने वाला, 4. ऊँचाई।

मादाम

ज़ुल्फ़ की छाँव में आरिज़ की तबो-ताब लिए
लब पे अफ़्सूँ लिए आँख़ों में मये-नाब लिए

हर नफ़स रौ में लिए शोरिशे-तोग़यानें-निहाँ
हर नज़र शौक का अफ़्सानए-बेताब लिए

सेह्रो-एजाज़[1] लिए जुंबिशे-मिज़गाने-दराज़[2]
खंदए-शोख़[3], जमाले-दुरे-ख़ुश-आब[4] लिए

ज़ौ-फ़िगन रुए-हसीं पर शबे-महताब शबाब
चश्मे-मख़्मूर निशाते-शबे महताब लिए

नश्शए-नाज़े-जवानी में शराबोर अदा
जिस्म ज़ौक़े-गोहरे-अतलसो-कमख़ाब लिए

ज़ुल्फ़े-शब-रंग लिए संदलो-ऊदो-अंबर
ख़मे-अबरुए-हसीं दैर की मेहराब लिए

लबे-गुलरंगो-हसीं, जिस्म गुदाज़ो-सीमीं
शोख़िए-बर्क़ लिए, लरज़िशे-सीमाब[5] लिए

एक सय्यादो-ख़ुश-अन्दामे-सवादे-मशरिक़
ज़ुल्फ़े बंगाल लिए, तलअते पंजाब लिए

मेरी वारफ़्तगिए-शौक़ मुसल्लम लेकिन
किसकी आँखें हैं ज़ुलेख़ा का हसीं ख़्वाब लिए

♦♦♦

1. जादू और चमत्कार, 2. लम्बी पलकों का हिलना, 3. बेबाक हँसी, 4. ख़ूबसूरत मोतियों का रूप लिए, 5. पारे जैसी कंपकंपी।

आज भी

मैं हूँ मजाज़ आज भी ज़मज़मा-संजो-नग्मा-ख़्वाँ[1]
शायरे-महफ़िले-वफ़ा, मुतरिबे-बज़्मे-दिलबराँ

आज भी ख़ारज़ारे-ग़म खुल्दे-बरीं मेरे लिए
आज भी रहगुज़ारे-इश्क़ मेरे लिए है कहकशाँ

आज भी गा रहा हूँ मैं साज़े-जुनूँ लिए हुए
सोज़े-निहाँ से आज भी रुह तपाँ है दिल तपाँ

आज भी ज़िंदगी मेरी ग़र्क़े-शराबे-तुन्दो-तेज़
आज भी हाथ में मेरे जामे-शराबे-अरग़वाँ

आज भी है रची हुई, आज भी है बसी हुई
मेरे नफ़्स[2] में खुल्द की नुज़हतो-निकहते-जवाँ[3]

आज भी नुक्ता चीं हूँ मैं ख़िल्वतियाने-ख़ास का
ख़िल्वतियाने-ख़ास का आज भी हूँ मिज़ाज-दाँ

आज भी अश्के-ख़ूँ मेरा क़शक़ा[4] जबीने-नाज़[5] का
आज भी ख़ाके-दिल मेरी सुरमए-चश्मए-गुल-रुख़ाँ[6]

आज भी है ज़बाँ मेरी ख़ंजरे-बे-नयामे-शौक़
बह्स-तलब है आज भी जुर्रअतो-शोख़िए-बयाँ

---

1. गीत गाने वाला, 2. साँस, 3. ताजा खुशबू, 4. तिलक, 5. प्रेमिका का माथा, 6. सुन्दरियों की आँख का सुरमा।

आज भी दिल को है मेरे दौलते-आगही-नसीब
आज भी है नज़र मेरी अर्ज़ो-समाँ[1] की राज़दा

आज भी है जुनूँ मेरा दैरो-हरम पे खंदा-ज़न[2]
आज भी मुझ से बदहवास दैरो-हरम के पासबाँ

आज भी साज़ से मेरे गर्मिए-बज़्मे-सरकशी
आज भी आतशे-सुख़न[3] शोला–फिशाँ, शरर–फ़िशाँ

आज भी है लिखी हुई सुर्ख़ हुरुफ़ में मजाज़
दफ़्तरे-शहरयार1 में मेरे जुनूँ की दास्ताँ

◆◆◆

1. धरती, 1. हँसना, 2. शायरी की आग।

मुझे जाना है इक दिन

मुझे जाना है इक दिन तेरी बज़्मे-नाज़ से आख़िर
अभी फिर दर्द टपकेगा मेरी आवाज़ से आख़िर
अभी फिर आग उठ्ठेगी शिकस्ता साज़ से आख़िर
मुझे जाना है इक दिन तेरी बज़्मे-नाज़ से आख़िर

अभी तो हुस्न के पैरों पे है जब्रे-हिना-बंदी
अभी है इश्क़ पर आईने-फ़रसूदा[1] की पाबन्दी
अभी हावी है अक्लो-रुह पर झूठी ख़ुदावन्दी
मुझे जाना है इक दिन तेरी बज़्मे-नाज़ से आख़िर

अभी तहज़ीबे-अद्लो-हक़ की किश्ती खे नहीं सकती
अभी यह ज़िंदगी दादे-सदाक़त दे नहीं सकती
अभी इन्सानियत दौलत से टक्कर ले नहीं सकती
मुझे जाना है इक दिन तेरी बज़्मे-नाज़ से आख़िर

अभी तो कायनात औहाम[2] का इक कारख़ाना है
अभी धोखा हक़ीक़त है, हक़ीक़त इक फ़साना है
अभी तो ज़िंदगी को ज़िंदगी करके दिखाना है
मुझे जाना है इक दिन तेरी बज़्मे-नाज़ से आख़िर

अभी हैं शहर की तारीक गलियाँ मुन्तज़िर मेरी
अभी है इक हसीं तहरीके[3]-तूफ़ाँ मुन्तज़िर मेरी
अभी शायद है इक ज़ंजीरे-जिंदाँ मुन्तज़िर मेरी
मुझे जाना है इक दिन तेरी बज़्मे-नाज़ से आख़िर

---

1. पुराना क़ानून, घिसा हुआ, 2. वहम का बहुवचन, 3. तूफ़ानी आन्दोलन।

अभी तो फ़ाक़ा-कश इन्सान से आँखें मिलाना है
अभी झुलसे हुए चेहरों पे अश्के-ख़ूँ बहाना है
अभी पामाले-जौर[1] आदम को सीने से लगाना है
मुझे जाना है इक दिन तेरी बज़्मे-नाज़ से आख़िर

अभी हर दुश्मने-नज़्मे-कोहन के गीत गाना है
अभी हर लश्करे-ज़ुल्मत-शिकन[2] के गीत गाना है
अभी ख़ुद सरफ़रोशाने-वतन के गीत गाना है
मुझे जाना है इक दिन तेरी बज़्मे-नाज़ से आख़िर

कोई दम में हयाते-नौ का फिर परचम उठाता हूँ
ब-ईमाए-हमीयत जान की बाज़ी लगाता हूँ
मैं जाऊँगा, मैं जाऊँगा, मैं जाता हूँ, मैं जाता हूँ
मुझे जाना है इक दिन तेरी बज़्मे-नाज़ से आख़िर

◆◆◆

1. ज़ुल्म के कुचले हुए, 2. अंधेरा तोड़ने वाले।

एतराफ़

अब मेरे पास तुम आई हो तो क्या आई हो

मैंने माना कि तुम इक-पैकरे-रानाई हो
चमने-दहर[1] में रुहे-चमन-आराई[2] हो
तलअते-मेहर[3] हो, फ़िरदौस की बरनाई[4] हो
बिन्ते-महताब हो गरदूँ से उतर आई हो

मुझ से मिलने में अब अन्देशए-रुसवाई है
मैंने ख़ुद अपने किए की ये सज़ा पाई है

ख़ाक में आह मिलाई है जवानी मैंने
शोला-ज़ारों में जलाई है जवानी मैंने
शहरे-ख़ूबाँ में गँवाई है जवानी मैंने
ख़्वाबगाहों में जगाई है जवानी मैंने

हुस्न ने जब भी इनायत की नज़र डाली है
मेरे पैमाने-मुहब्बत ने सिपर डाली है

उन दिनों मुझ पे क़यामत का जुनूँ तारी था
सर पे सरशारिए-इशरत का जुनूँ तारी था
माह-पारों से मुहब्बत का जुनूँ तारी था
शहरयारों से रक़ाबत[5] का जुनूँ तारी था

बिस्तरे-मख़मलो-संजाब थी दुनिया मेरी
एक रंगीनो-हसीं ख़्वाब थी दुनिया मेरी

---

1. संसार, 2. बाग़बानी, 3. सूरज का चेहरा, 4. जवानी, 5. दुश्मनी।

जन्नते-शौक़ थी बेगानए-आफ़ाते-समूम[1]
दर्द जब दर्द न हो, काविशे-दरमाँ[2] मालूम
ख़ाक थे दीदए-बेबाक में गरदूँ के नजूम
बज़्मे-परवीं थी, निगाहों में कनीज़ों[3] का हुजूम

लैलिए-नाज़[4] बर-अफ़गन्दा-नक़ाब[5] आती थी
अपनी आँखों में लिए दावते-ख़्वाब आती थी

संग को गौहरे-नायाबो-गराँ जाना था
दश्ते-पुर-ख़ार को फ़िरदौसे-जवाँ जाना था
रेग को सिलसिलए-आबे-रवाँ जाना था
आह ये राज अभी मैंने कहाँ जाना था

मेरी हर फ़त्ह में है एक हज़ीमत[6] पिन्हाँ
हर मसर्रत में है राज़े-ग़मो-हसरत पिन्हाँ

क्या सुनेगी मेरी मजरुह जवानी की पुकार
मेरी फ़रियादे-जिगर-दोज़, मेरा नालए-ज़ार
शिद्दते-कर्ब में डूबी हुई मेरी गुफ़्तार
मैं कि खुद अपने मज़ाके-तरब-आगीं का शिकार

वो गुदाज़े-दिले-मरहूम कहाँ से लाऊँ
अब मैं वो जज़्बए-मासूम कहाँ से लाऊँ

मेरे साये से डरो तुम मेरी क़ुरबत से डरो
अपनी जुर्अत की क़सम अब मेरी जुर्अत से डरो
तुम लताफ़त हो अगर, मेरी लताफ़त से डरो
मेरे वादों से डरो, मेरी मुहब्बत से डरो

अब मैं अल्ताफ़ो-इनायत का सज़ावार नहीं
मैं वफ़ादार नहीं, हाँ मैं वफ़ादार नहीं

अब मेरे पास तुम आई हो तो क्या आई हो

◆◆◆

1. ज़हरीली आफ़त, 2. इलाज की कोशिश, 3. दासियों, 4. प्रेमिका, 5. पर्दे में, 6. हार।

आज

कारफ़रमा फिर मेरा ज़ौक़े-ग़ज़ल-ख़्वानी है आज
फिर नफ़स का साज़ गर्मे-शोला-अफ़्शानी है आज

फिर निगाहे-शौक़ की गर्मी है और रुए-निगार
फिर अरक़-आलूद इक काफ़िर की पेशानी है आज

फिर मेरे लब पर क़सीदे[1] हैं लबो-रुख़्सार के
फिर किसी चेहरे पे ताबानी सी ताबानी है आज

हुस्न इस दर्जा निशाते-हुस्न में डूबा हुआ
अँखँड़ियाँ बेख़ुद, शमीमे-ज़ुल्फ़[2] दीवानी है आज

लरज़िशे-लब में शराबो-शेर का तूफ़ान है
जुम्बिशे-मिज़गाँ में अफ़सूने-ग़ज़ल-ख़्वानी[3] है आज़

वो नफ़स की ज़मज़मा-संजी, नज़र की गुफ़्तगू
सीनए-मासूम में इक तुर्फ़ा[4] तुग़ियानी है आज

याँ ब-ईं आलाम ग़ुरुरे-यूसुफ़ीयत[5] भी नहीं
वाँ ज़ुलैख़ाई[6] ब-अज़्मे-चाकदामानी है आज

वाँ इशारे में बहक जाना ही ऐने-होश है
होश में रहना यक़ीनन सख़्त नादानी है आज

---

1. प्रशंसा, 2. ज़ुल्फ़ की ख़ुशबू, 3. ग़ज़ल गाने का जादू, 4. अजब, 5. सुन्दर होने का घमण्ड़, 6. प्रेम,

कशमकश सी कशमकश में है मज़ाक़े-आशिक़ी
कामराँ सी कामराँ हर सइए-इमकानी[1] है आज

हुस्न के चेहरे पे है नूरे-सदाक़त[2] की दमक
इश्क़ के सर पर कुलाहे-फ़ख्रे-इन्सानी[3] है आज

शौक़ से मौक़ा-शनासी की तवक़्क़ो भी ग़लत
मैंने उनकी शक्ल भी मुशिकल से पहचानी है आज

◆◆◆

1.संभावित प्रयत्न, 2.सच्चाई का प्रकाश, 3.इन्सानी गर्व की पगड़ी।

बुताने-हरम

क्या कहूँ मैं रात किस महफ़िल में था गर्मे-नवा
नग़्मओ-निकहत का वो तूफ़ान, वो ठंडी हवा

दीदनी[1] था नाज़नीनाने-तमद्दुन[2] का हुजूम
बे हक़ीक़त थे निगाहों में महो-मेहरो-नुजूम[3]

नाज़-परवर वो हसीं, अफ़कारे-ग़म[4] से बेनियाज़
महजबीनाने-हरम, क़ैदे-हरम, से बेनियाज़

जिनकी इक जुम्बिश से बुनियादे-हरम में इरतेआश
जिनकी इक ठोकर से जंजीरे-क़दामत पाश-पाश

बन गया था यह-ब-यक फिरदौसे-कैफ़ो-इनबेसात[5]
एक दैरीना करम-फ़रमा का ऐवाने-निशात

नर्म सोफ़े गोद में फ़िरदौसे-रानाई लिए
ज़ुल्फ़ के ख़म, मरमरीं शानों की बरनाई लिए

वो हसीं पेशानियाँ[6], अईनए-तमकीने-नाज़[7]
वो रसीली मधुमरी आँखें, वो मिज़गाने-दराज़

वो सुबुक चाँदी से पैकर, वो जवानी का निखार
आज़रे-फ़ितरत की सन्नाई[8] के ज़िन्दा शाहकार

रुख़ पे शादाबी, लबों में रस, तबस्सुम बर्क़-पाश
चुस्त पैराहन, नुमायाँ जिस्मे-सीमीं की तराश

---

1. देखने योग्य, 2. सभ्यता की सुंदरियाँ, 3. चाँद, सूरज, सितारे, 4. दुखों की फ़िक्र, 5. खुशियों की जन्नत, 6. माथे, 7. अदाओं, 8. कारीगरी।

शोख़ आँखें बादए-गुलगूँ[1] के पैमाने लिए
गेसुए शब-रंग पेचो-ख़म में अफ़्साने लिए

आह वो हुस्ने-मुक़ाबिल, वो जमाले-हमनशीं
दामने-मौजे-हवा में इक बहिश्ते-अंबरीं

इक तरफ़ सेहरे-मलामत, इक तरफ़ अफ़्सूने-नाज़
इक तरफ़ ज़ुल्फ़े-बुरीदा[2], इक तरफ़ ज़ुल्फ़े-दराज़

आँचलों की सरसराहट, ज़मज़मे गाती हुई
पैरहन से निकहते-ख़ुल्दे-बरीं आती हुई

आह वो दोशीज़ा लब, गुलरेज़ लब, गुलनार लब
आह वो लब आश्ना लब, शोख़ लब, ख़ूँ-बार लब

वो हिजाब-आगीं[3] तकल्लुम[4], वो रसीले क़हक़हे
वो निशात-आगीं तबस्सुम, वो सुरीले क़हक़हे

क़हक़हे, जिनमें सबा का राग, सय्यारों के गीत
नुक़रई[5] नै[6] की सदा जन्नत के मह-पारों के गीत

जामे-ज़रीं की खनक सी क़ुलक़ुले-मीना के साथ
क़ुदसियों[7] की लय सरोदे-बरबते ज़ोहरा के साथ

शोख़िए-लब-नाज़-फ़रमा ख़न्दए-बेबाक[8] पर
नूरो-मौसीक़ी की इक बारिश सी फ़र्शे-ख़ाक पर

गुफ़्तगू कुछ इस सलीक़े से, कुछ इस अन्दाज़ से
दिल बचाना सख़्त मुशिकल था कमन्दे-नाज़ से

वो लचक सी जिस्मे-नाज़ुक में ख़ुद अपने बार से
फूट निकली थी शोआएं आरिज़ो-रुख़्सार से

वो सिमटने की अदा तूफ़ाने-रानाई के साथ
ज़ौक़े-ख़ुद-बीनी[9] मजाक़े-बज़्म-आराई के साथ

---

1. लाल रंग की शराब, 2. कटे हुए बाल, 3. शर्म, हया से भरी हुई, 4. बात-चीत करना, 5. चाँदी की, 6. बाँसुरी, 7. फ़रिश्तों, 8. बेबाक हँसी, 9. ख़ुद को देखने का शौक़।।

आरिज़ों पर इक गुलाबीपन सा माथों पर दमक
अँखड़ियों में इक सुरुरे-फ़त्हमन्दी की झलक

बामो-दर पर इक तबस्सुम सा फ़िज़ा गुलरंग थी
जुम्बिशे-मिज़गाँ धड़कते दिल से हम-आहंग थी

मेरा नग़्मा बाएसे-दिलदारिए-ख़ूबाँ तो है
मेरा नाला ख़ैर से वजूहे-निशाते-जाँ तो है

◆◆◆

●

ऐश से बेनियाज़[1] हैं हम लोग
बेखुदो-सोज़ो-साज़ हैं हम लोग।

जिस तरह चाहे छेड़ दे हमको
तेरे हाथों में साज़ हैं हम लोग।

बे सबब इल्तिफ़ात[2] क्या मानी?
कुछ तो ऐ-चश्मे-नाज़ हैं हम लोग।

महफ़िले-सोज़ो-साज़ है दुनिया
हासिले-सोज़ो-साज़ हैं हम लोग।

कोई इस राज़ से नहीं वाक़िफ़
क्यों सरापा नियाज़ हैं हम लोग।

सब इसी इश्क़ के करश्मे हैं
वर्ना क्या ऐ मजाज़ हैं हम लोग।

◆◆◆

1. बे परवाह, 2. ध्यान।

●

हुस्न फिर फ़ित्नागर है क्या कहिए
दिल की जानिब नज़र है क्या कहिए।

फिर वही रहगुज़र है क्या कहिए
ज़िंदगी राह पर है क्या कहिए।

हुस्न खुद पर्दा-दर है क्या कहिए
ये हमारी नज़र है क्या कहिए।

आह तो बे-असर थी बरसों से
नग्मा भी बे-असर है क्या कहिए।

हुस्न है अब, न हुस्न के जल्वे
अब नज़र ही नज़र है क्या कहिए।

आज भी है मजाज़ ख़ाक-नशीं
और नज़र अर्श पर है क्या कहिए।

◆◆◆

●

इज़्ने-ख़ेराम[1] लेते हुए आसमाँ से हम
हटकर चले हैं रहगुज़रे-कारवाँ से हम।

क्योंकर हुआ है फ़ाश[2] ज़माने पे क्या कहें
वो राज़े-दिल जो कह न सके राज़दाँ से हम।

क्या-क्या हुआ है हमसे जुनूँ में, न पूछिए
उल्झे कभी ज़मीं से, कभी आसमाँ से हम।

हर नर्गिसे-जमील[3] ने मख़्मूर कर दिया
पीकर उठे शराब हर इक बोस्ताँ से हम।

देखेंगे हम भी कौन है सिज्दा-तराज़े-इश्क़
ले सर उठा रहे हैं तेरे आस्ताँ से हम

बख़्शी हैं हमको इश्क़ ने वो जर्रअतें मजाज़
डरते नहीं सियासते-अह्ले-जहाँ से हम

◆◆◆

1. चलने की इजाज़त, 2. खुलना, 3. ख़ूबसूरत आँख(प्रेमिका की ख़ूबसूरत आँख)।

मज़दूरों का गीत

मेहनत से ये माना चूर हैं हम आराम से कोसों दूर हैं हम
पर लड़ने पर मजबूर हैं हम
मज़दूर हैं हम, मज़दूर हैं हम।

गो आफ़तो-ग़म के मारे हैं, हम ख़ाक नहीं हैं तारे हैं
इस जग के राज दुलारे हैं
मज़दूर हैं हम, मज़दूर हैं हम।

बनने की तमन्ना रखते हैं, मिटने का कलेजा रखते हैं
सरकश हैं, सर ऊँचा रखते हैं
मज़दूर हैं हम, मज़दूर हैं हम।

हरचंद कि हैं इदबार[1] में हम कहते हैं खुले बाज़ार में हम
हैं सबसे बड़े संसार में हम
मज़दूर हैं हम, मज़दूर हैं हम।

जिस सम्त बढ़ा लेते हैं कदम झुक जाते हैं शाहों के परचम
सावन्त हैं हम, बलवन्त हैं हम
मज़दूर हैं हम, मज़दूर हैं हम।

गो जान पे लाखों बार बनी, कर गुज़रे मगर जो जी में ठनी
हम दिल के खरे, बातों के धनी
मज़दूर हैं हम, मज़दूर हैं हम।

---

1. गरीब।

हम क्या हैं कभी दिखला देंगे, हम नज़्में-कोहन[1] को ढा देंगे
हम अर्ज़ो-समा को हिला देंगे
मज़दूर हैं हम, मज़दूर हैं हम।

हम जिस्म में ताक़त रखते हैं सीने में हरारत रखते हैं
हम अज़्मे-बग़ावत रखते हैं
मज़दूर हैं हम, मज़दूर हैं हम।

जिस रोज़ बग़ावत कर देंगे दुनिया में क़यामत कर देंगे
ख़्वाबों को हक़ीक़त कर देंगे
मज़दूर हैं हम, मज़दूर हैं हम।

हम क़ब्ज़ा करेंगे दफ़्तर पर हम वार करेंगे क़ैसर[2] पर
हम टूट पड़ेंगे लश्कर पर
मज़दूर हैं हम, मज़दूर हैं हम।

◆◆◆

1. पुरानी व्यवस्था, 2. बादशाह का नाम।

सानेहा

(गांधी जी की मौत से मुतासिर होकर)

दर्दो-ग़मे-हयात का दरमाँ[1] चला गया
वो ख़िज़्रे-अस्रो-ईसिए-दौराँ[2] चला गया

हिन्दू, चला गया, न मुसलमाँ चला गया
इन्साँ की जुस्तजू में इक इन्साँ चला गया

रक़्साँ चला गया, न ग़ज़ल-ख़्वाँ चला गया
सोज़ो-गुदाज़ो-दर्द में ग़ल्ताँ चला गया

बरहम है ज़ुल्फ़े-कुफ़्र तो ईमाँ है सर-निगूँ
वो फ़ख़्रे-कुफ़्रो-नाज़िशे ईमाँ चला गया

बीमार ज़िंदगी की करे कौन दिल-दही
नब्बाज़ो-चारा-साज़े-मरीज़ाँ चला गया,

किसकी नज़र पड़ेगी अब इसियाँ पे लुत्फ़ की
वो महरमे-नज़ाकते-इसियाँ चला गया

वो राज़दारे-महफ़िले-याराँ नहीं रहा
वो ग़मगुसारे-बज़्मे-हरीफ़ाँ चला गया

इक बेख़ुदे-सुरुरे-दिलो-ज़ाँ चला गया
इक आशिक़े-सदाक़ते-पिन्हाँ चला गया

---

1. इलाज, 2. समय का ख़िज़्र और ईसा।

बा-चश्मे-नम है आज ज़ुलैख़ाए-कायनात
ज़िन्दाँ-शिकन वो युसूफ़े-ज़िंदाँ चला गया

ऐ आरज़ू वो चश्मए-हैवाँ न कर तलाश
ज़ुल्मात से वो चश्मए-हैवाँ चला गया

अब संगो-ख़िश्तो-ख़ाको-ख़ज़फ़ सर बलन्द हैं
ताजे-वतन का लाले-दरख़्शाँ चला गया

अब अहरमन के हाथ में है तेग़े-ख़ूँ-चकाँ
ख़ुश है कि दस्तो-बाज़ुए-यज़्दाँ चला गया

देवे-बदी से मारकए-सख़्त ही सही
ये तो नहीं कि ज़ोरे-जवानाँ चला गया

क्या अहले-दिल में जज़्बए-ग़ैरत नहीं रहा
क्या अज़्मे-सरफ़रोशिए-मरदाँ चला गया

क्या बाग़ियों की आतिशे-दिल सर्द हो गई
क्या सरकशों का जज़्बए-पिन्हाँ चला गया

क्या वो जुनूनो-जज़्बए-बेदार मर गया
क्या वो शबाबे-हश्र-ब-दामाँ चला गया

ख़ुश है बदी जो दाम ये नेकी पे डाल के
रख देंगे हम बदी का कलेजा निकाल के

◆◆◆

वतन-आशोब[1]

सब्ज़ओ-बर्गो-लालओ-सर्वो-समन[2] क्या हुआ
सारा चमन उदास है, हाए चमन को क्या हुआ

एक सुकूत हर तरफ़ होश-रुबा[3] व हौलनाक
ख़ुल्दे-वतन के पासबाँ, ख़ुल्दे-वतन को क्या हुआ

रक्से-तरब कि धर गया, नग़्मा-तराज़ क्या हुए
ग़म्ज़ओ-नाज़[4] क्या हुए, उश्वाओ-फ़न[5] को क्या हुआ

जिसकी नवाए-दिल-सताँ ज़ख़्मए-साज़े-शौक़ थी
कोई बताओ उस बुते-गुन्चा-दहन को क्या हुआ

चश्मके-दम-ब-दम नहीं, मश्क़े-ख़िरामो-रम नहीं
मेरे ग़ेज़ाल क्या हुए, मेरे ख़ुतन को क्या हुआ

छाई है क्यों फ़सुर्दगी आलमे-हुस्नो-इश्क़ पर
आज वो नल किधर गए, आज दमन को क्या हुआ

आँखों में ख़ौफ़ो-यास है, चेहरा उदास-उदास है
अस्रे-रवाँ की लैलिए-बुर्क़ा-फ़िगन को क्या हुआ

1. देश के हंगामे, 2. घास, पत्ती, फूल और पेड़, 3. होश उड़ा देने वाला, 4. अदांए, 5. अदांए।

आह ख़िरद किधर गई, आह जुनूँ ने क्या किया
आह शबाबे-ख़ूगरे-दारो-रसन को क्या हुआ

कोई बताए अज़मते-ख़ाके-वतन कहाँ है अब
कोई बताए ग़ैरते-अहले-वतन को क्या हुआ

कोह वही दमन वही, दश्त वही चमन वही
फिर ये मजाज़ ज़ज़्बए-हुब्बे-वतन को क्या हुआ

◆◆◆

पहला जश्ने-आज़ादी

बसद गुरुरो-बसद फ़ख्रो-नाज़े-आज़ादी
मचल के खिल गई ज़ुल्फ़े-दराज़े-आज़ादी
महो-हुजूम हैं नग़्मा-तराज़े—आजादी
वतन ने छेड़ा है इस तरह साज़े-आज़ादी
ज़माना रक्स में है ज़िंदगी ग़जल-ख़्वाँ है

हर इक जबीं पे है इक मौजे-नूरे-आज़ादी
हर एक आँख में कैफ़ो-सुरुरे-आज़ादी
गुलामी ख़ाक-ब-सर है हुज़ूरे-आज़ादी
हर एक क़स्र है इक बामे-तूरे-आज़ादी
हर एक बाम पे इक परचमे-ज़र-अफ़्शाँ है

हर एक सम्त निगाराने-यासमीं पैकर
निकल पड़े हैं दरो-बाम से महो-अख़्तर
वो सैले-नूर है, ख़ीरा है आदमी की नज़र
बसद गुरुरो-अदा ख़न्दा-ज़न है गरदूँ पर
ज़मीने-हिन्द की जौलाँगहे-ग़ज़ालाँ है

सदा दो अन्जुमे-अफ़लाक रक़्स फ़रमाएं
बुताने-क़ाफ़िरो-सफ़्फ़ाक रक़्स फ़रमाएं
शरीके-हल्क़ए-इदराक रक़्स फ़रमाएं
तरब का वक़्त है बेबाक रक़्स फ़रमांए
कि यह बहारे-पयामीए सद-बहाराँ है

ये इन्क़लाब का मुज़्दा है, इन्क़लाब नहीं
ये इन्क़लाब का परतौ है इन्क़लाब नहीं
वो जिसकी ताबो-तवानाई का जवाब नहीं
अभी वो सइए-जुनूँ-ख़ेज़ कामियाब नहीं
ये इन्तेहा नहीं, आग़ाज़े-कारे-मरदाँ है

◆◆◆

ज़हराबे-हुस्न[1]

हुस्न इक कैफ़े-जावेदानी है
और जो चीज़ है वो फ़ानी है
हुस्न के दिन भी कैफ़-परवर हैं
हुस्न की रात भी सुहानी है
हुस्न की सुब्ह इक शिकस्ते-जमील
हुस्न की शाम कामरानी है
ये कुछ अफ़्सानए-तख़य्युल है
कुछ हक़ीक़त की तरजुमानी है
कुछ तेरे हुस्न का करश्मा है
कुछ मेरी तबअ की रवानी है

1. पानी जिसमें जहर मिला हो।

साक़ी

मेरी मस्ती में भी अब होश ही का तौर है साक़ी
तेरे साग़र में ये सहबा नहीं कुछ और है साक़ी

भड़कती जा रही है दम-ब-दम इक आग सी दिल में
ये कैसे जाम हैं साक़ी, ये कैसा दौर है साक़ी

वो शय दे जिससे नींद आ जाए अक़्ले-फ़ित्ना-परवर[1] को
कि दिल आज़ुर्दए-तमईज़े-लुत्फ़ो-जौर है साक़ी

कहीं इक रिंद और वामान्दए-अफ़कारे-तन्हाई
कहीं महफ़िल की महफ़िल तौर से बे-तौर है साक़ी

जवानी, और यूँ घिर जाए तूफ़ाने-हवादिस में
खुदा रक्खे अभी तो बे-खुदी का दौर है साक़ी

छलकती है जो तेरे जाम से उस मय का क्या कहना
तेरे शादाब होठों की मगर कुछ और है साक़ी

मुझे पीने दे, पीने दे कि तेरे जामे-लालीं में
अभी कुछ और है, कुछ और है, कुछ और है साक़ी

◆◆◆

1. फ़ित्ना-फ़साद करने वाली अक़्ल।

●

साज़गार[1] है हमदम इन दिनों जहाँ अपना
इश्क़ शादमाँ अपना, शौक़ कामराँ अपना।

आहे-बेअसर किसकी नाला ना-रसा किसका
काम बारहा आया ज़ज़्बए-निहाँ अपना।

कब किया था इस दिल पर हुस्न ने करम इतना
मेहरबाँ और इस दर्जा कब था आसमाँ अपना।

उल्झनों से घबराए, मयकदे में दर आए
किस क़दर तन-आसाँ है ज़ौक़े-रायगाँ अपना।

कुछ न पूछ ऐ हमदम इन दिनों मेरा आलम
मुतरिबे-हसीं अपना, साक़िए-जवाँ अपना।

इश्क़ और रुस्वाई कौन सी नई शय है
इश्क़ तो अज़ल से था रुस्वाए-जहाँ अपना।

तुम मजाज़ दीवाने, मस्लहत से बेग़ाने
वर्ना हम बना लेते तुमको राज़दाँ अपना।

◆◆◆

1. अनुकूल।

●

साकिए-गुलफ़ाम[1] बा-सद एहतिमाम[2] आ ही गया
नग्मा-बर-लब[3], खुम-ब-सर[4], बादा ब-जाम[5] आ ही गया।

मेरी दुनिया जगमगा उट्ठी किसी के नूर से
मेरे गर्दूं[6] पर मेरा माहे-तमाम[7] आ ही गया।

झूम-झूम उट्ठे शजर, कलियों ने आँखें खोल दीं
जानिबे-गुल्शन कोई मस्ते-ख़ेराम आ ही गया।

मेरी शब, अब मेरी शब है, मेरा बादा, मेरा जाम
वो मेरा सर्वे-रवाँ माहे-तमाम आ ही गया।

बारहा ऐसा हुआ है याद तक दिल में न थी
बारहा मस्ती में लब पर उनका नाम आ ही गया।

खुल गयी थी साफ़ गर्दूं की हक़ीक़त ऐ मजाज़
ख़ैरियत गुज़री कि शाहीं ज़ेरे-दाम आ ही गया।

◆◆◆

---

1. शराब पिलाने वाला ख़ूबसूरत लड़का(प्रेमिका), 2. बड़े इन्तज़ाम के साथ, 3. गीत गाता हुआ, 4. सर पर शराब की सुराही लिए, 5. जाम में शराब लिए, 6. आसमान।

●

शौक़ के हाथों ऐ दिले-मुज़तर, क्या होना है क्या होगा
इश्क़ तो रुस्वा हो ही चुका है, हुस्न भी क्या रुस्वा होगा।

हुस्न की बज़्मे-ख़ास में जाकर इस से ज़ियादा क्या होगा
कोई नया पैमाँ बांधेंगे, कोई नया वादा होगा।

चारागरी[1] सर-आँखों पर, इस चारागरी से क्या होगा
दर्द तो अपनी आप दवा है तुम से अच्छा क्या होगा।

वायज़े-सादा-लौह[2] से कह दो छोड़े उक़्बा[3] की बातें
इस दुनिया में क्या रक्खा है, उस दुनिया में क्या होगा।

तुम भी मजाज़ इन्सान हो आख़िर लाख छिपाओ इश्क़ अपना
भेद मगर खुल जाएगा ये, राज़ मगर अफ़्शाँ होगा।

◆◆◆

1. इलाज, 2. सादा-दिल नसीहत करने वाला(धार्मिक व्यक्ति), 3. अंजाम।

नौजवान से

जलाले-आतशो-बर्क़ो-सहाब[1] पैदा कर
अजल भी काँप उठे वो शबाब पैदा कर

तेरे ख़िराम में है ज़लज़लों का राज़ निहाँ
हर एक गाम पे इक इन्क़लाब पैदा कर

सदाए-तेशए-मज़दूर[2] है तेरा नग़्मा
तो संगो-ख़िश्त[3] से चंगो-रबाब पैदा कर

बहुत लतीफ़ है ऐ दोस्त तेग़ का बोसा
यही है जाने-जहाँ, इसमें आब पैदा कर

तेरे क़दम पे नज़र आए महफ़िले-अंजुम[4]
वो बांकपन, वो अछूता शबाब पैदा कर

तेरा शबाब अमानत है सारी दुनिया का
तो ख़ार-ज़ारे-जहाँ[5] में गुलाब पैदा कर

सुकून, ख़्वाब है बे-दस्तो-पा ज़ईफ़ी का
तू इज़्तेराब है, ख़ुद इज़्तेराब पैदा कर

न देख ज़ोहद[6] की तू अस्मते-गुनह-आलूद[7]
गुनह में फ़ितरते-अस्मत-मोआब पैदा कर

तेरे जिलौ में नई जन्नतें, नए दोजख़
नई जज़ाएं, अनोखे अज़ाब पैदा कर

---

1. आग, बिजली और बादल जैसी शानो-शौकत, 2. मज़दूर के बसूले की आवाज़, 3. ईंट-पत्थर, 4. तारों की महफ़िल, 5. काँटों का जंगल जैसी दुनिया, 6. परहेज़गारी, 7. गुनाहों से भरी पाकदामनी।

शराब खींची है सब ने ग़रीब के ख़ूँ से
तू अब अमीर के ख़ूँ से शराब पैदा कर

गिरादे क़स्रे-तमद्दुन कि इक फ़रेब है ये
उठा दे रस्मे मुहब्बत, अज़ाब पैदा कर

जो हो सके हमें पामाल करके आगे बढ़
न हो सके तो हमारा जवाब पैदा कर

बहे ज़मीं पे जो मेरा लहू तो ग़म मत कर
उसी ज़मीं से महकते गुलाब पैदा कर

तू इन्क़लाब की आमद का इन्तज़ार न कर
जो हो सके तो अभी इन्क़लाब पैदा कर

◆◆◆

मजाज़ के तीन गीत

(1)

कैसे तबाही आई

गया, मन हारा अब सूना है जग सारा
दुख के काँटे हर राह में घोर अंधियारा

हर सिम्त उदासी छाई
कैसी तबाही आई

इक जोत जगाकर पल में वो चाँद छिपा बादल में
अब कोई नहीं है अपना इस जीव के जंगल में

हर साँस है एक दुहाई
कैसी तबाही आई

सपनों के महल सब ढाए आशा के दीप बुझाए
बिपदा की आँधी उट्ठी दुख-दर्द के बादल छाए

आफ़त की घटा मंडलाई
कैसी तबाही आई

दुनिया को न मुँह दिखलाऊँ जाऊँ तो किधर मैं जाऊँ
ये दुख मैं किसे दिखाऊँ ये दर्द किसे समझाऊँ

अब मैं हूँ मेरी तन्हाई
कैसी तबाही आई

◆◆◆

(2)

आ रही है निराली बहार

जी में जो कुछ है वो कोई कैसे कहे
मेरी रग-रग में, नस-नस में मदिरा बहे

बज रहे हैं ख़ुशी के सितारे
आ रही है निराली बहार

मेरी आशाओं ने आज पहले-पहल
हसरतों का बनाया है रंगीं महल

कोई खोले है जिसके द्वार
आ रही है निराली बहार

तारे नाचें हवाओं में, छागल बजे
मेरी दुनिया सजे और पल-पल सजे

हर तरफ इक अनोख़ा निखार
आ रही है निराली बहार

मेरी दुनिया है क्या जगमगाई हुई
हर तरफ़ ज़िन्दगी मुस्कराई हुई

मन है कैसी ख़ुशी से दोचार
आ रही है निराली बहार

◆◆◆

(3)

कौन मेरे सपने में आकर रह-रहकर मुस्काए
अमृत रस बरसाए
मन की कली खिलाए

कौन मेरे सपने में आकर रह-रहकर मुस्काए
कौन यकायक सामने आकर नैन से नैन मिलाए
और कभी छिप जाए
छिप-छिपकर ललचाए

कौन मेरे सपने में आकर रह-रहकर मुस्काए
जीवन के आकाश पे चमके रह-रहकर मुस्काए
सुन्दर, रोशन, न्यारा
मन में जोत जगाए

कौन मेरे सपने में आकर रह-रहकर मुस्काए
शोख़, सजीला, रसीला, चंचल, छेड़ करे तड़पाए
मैं रुठूँ वो मनाए
बहलाए समझाए

कौन मेरे सपने में आकर रह-रहकर मुस्काए

◆◆◆

बरबते-शिकस्ता[1]

उसने जब कहा मुझसे गीत इक सुना दो ना
सर्द है फ़िज़ा दिल की आग तुम लगा दो ना।

क्या हसीन तेवर थे, क्या लतीफ़ लहजा था
आरज़ू थी, हसरत थी, हुक्म था, तक़ाज़ा था।

गुनगुना के मस्ती में साज़ ले लिया मैंने
छेड़ ही दिया आख़िर नग़्मए-वफ़ा मैंने।

यास[2] का धुवाँ उट्ठा हर नवाए-ख़स्ता[3] से
आह की सदा निकली बरबते-शिकस्ता से।

◆◆◆

1. टूटा हुआ साज़, 2. मायूसी, 3. टूटी हुई लय।

हमारा झंडा

शेर हैं चलते हैं दर्राते हुए, बादलों की तरह मंडलाते हुए
ज़िंदगी की रागिनी गाते हुए
आज झंडा है हमारे हाथ में।

हाँ ये सच है भूख से हैरान हैं, पर ये मत समझो कि हम बे-जान हैं
इस बुरी हालत में भी तूफ़ान हैं
आज झंडा है हमारे हाथ में।

हम वो हैं जो बे-रुख़ी करते नहीं, हम वो हैं जो मौत से डरते नहीं
हम वो हैं जो मरके भी मरते नहीं
आज झंड़ा है हमारे हाथ में।

चैन से महलों में हम रहते नहीं, ऐश की गंगा में हम बहते नहीं
भेद दुश्मन से कभी कहते नहीं
आज झंड़ा है हमारे हाथ में।

जानते हैं एक लश्कर आएगा, तोप दिखलाकर हमें धमकाएगा
पर ये झंडा यूँही लहराएगा
आज झंड़ा है हमारे हाथ में।

कब भला धमकी से घबराते हैं हम, दिल में जो होता है कह जाते हैं हम
आसमाँ हिलता है जब गाते हैं हम
आज झंड़ा है हमारे हाथ में।

लाख लश्कर आएं कब हिलते हैं हम, आँधियों में जंग की खिलते हैं हम
मौत से हंसकर गले मिलते हैं हम
आज झंड़ा है हमारे हाथ में।

◆◆◆

●

आसमाँ तक जो नाला पहुँचा है
दिल की गहराइयों से निकला है।

मेरी नज़रों में हश्र भी क्या है
मैंने उनका जलाल देखा है।

जल्वए-तूर ख़्वाबे-मूसा है
किसने देखा है, किसको देखा है।

हाय अन्जाम उस सफ़ीने का
नाख़ुदा ने जिसे डुबोया है।

आह क्या दिल में अब लहू भी नहीं
आज अश्कों का रंग फीका है।

जब भी आँखें मिलीं उन आँखों से
दिल ने दिल का मिज़ाज पूछा है।

सच तो ये है मजाज़ की दुनिया
हुस्न और इश्क़ के सिवा क्या है।

◆◆◆

●

जुनूने-शौक़ अब भी कम नहीं है
मगर वह आज भी बरहम नहीं है।

बहुत मुश्किल है दुनिया का सँवरना
तेरी ज़ुल्फ़ों का पेचो-ख़म नहीं है।

उधर मशकूक है मेरी सदाक़त[1]
इधर भी बदगुमानी कम नहीं है।

मेरी बरबादियों का हमनशीनो
तुम्हें क्या, ख़ुद मुझे भी ग़म नहीं है।

अभी बज़्मे-तरब से क्या उठूँ मैं
अभी तो आँख भी पुरनम नहीं है।

मजाज़ इक बादाकश तो है यक़ीनन
जो हम सुनते थे वो आलम नहीं है।

◆◆◆

---

1. सच्चाई।

●

वो नक़ाब आप ही उठ जाए तो कुछ दूर नहीं
वर्ना मेरी निगहे-शौक़ भी मजबूर नहीं

लाख छिपते हो मगर छिपके भी मस्तूर नहीं
तुम अजब चीज़ हो नज़दीक नहीं, दूर नहीं

जुर्रअते-अर्ज़ पे वो कुछ नहीं कहते लेकिन
हर अदा से ये टपकता है कि मंज़ूर नहीं

दिल धड़क उठता है ख़ुद अपनी ही हर आहट पर
अब कदम मंज़िले-जानाँ से बहुत दूर नहीं

देख सकता हूँ जो आँखों से वो काफ़ी है मजाज़
अह्ले-इरफ़ाँ की नवाज़िश मुझे मंज़ूर नहीं

◆◆◆

नया कश्मीर

इक शरारा झिलमिलाया और फ़िज़ा में खो गया
इक शरारा जानिबे-ख़ुल्दे-जवाँ आया तो क्या

कोई तूफ़ाँ आए इक कोहे-गराँ है इस तरफ़
कोई तूफ़ा बर-सरे कोहे-गराँ आया तो क्या

दस्तो-बाज़ू में सलाबत[1] आ गई फ़ौलाद की
अब मुक़ाबिल इक हरीफ़े-नीम-जाँ[2] आया तो क्या

ख़ुद हक़ीक़त पर पड़े बातिल का साया ता-बके[3]
मेह्‌रे-आलम-ताब[4] के आगे धुवाँ आया तो क्या

दैर[5] की अज़मत भी है आख़िर मुसल्लम हम-नफ़स
दैर की मेहराब तक शोरे-अज़ाँ आया तो क्या

चन्द बुनियादी अनासिर मायले-पैकार हैं
इक नए कश्मीर की तशकील के आसार हैं

◆◆◆

1. मजबूती, 2. कमज़ोर दुश्मन, 3. कब तक, 4. संसार को रोशनी देने वाला सूरज, 5. मंदिर।

तिफ़्ली के ख़्वाब

तिफ़्ली में आरज़ू थी किसी दिल में हम भी हों
इक रोज़ सोज़ो-साज़ की महफ़िल में हम भी हों

दिल हो असीर गेसुए-अंबर-सरिश्त में
उल्झे उन्हीं हसीन सलासिल में हम भी हों

छेड़ा है साज़े-हज़रते-सादी ने जिस जगह
उस बोस्ताँ के शोख़ अनादिल[1] में हम भी हों

गाएं तराने-दोशे-सुरय्या पे रख के सर
तारों से छेड़ हो, महे-कामिल में हम भी हों

आज़ाद होके कशमकशे-इल्म से कभी
आशुफ़्तगाने-इश्क़ की मंज़िल में हम भी हों

दीवानावार हम भी फिरें कोहो-दश्त में
दिलदादगाने-शोलए-महमिल[2] में हम भी हों

दिल को हो शाहज़ादिए-मक़्सद की धुन लगी
हैराँ सुराग़े-जादए-मंज़िल[3] में हम भी हों

सहरा हो, ख़ार-ज़ार[4] हो, वादी हो, आग हो
इक दिन इन्हीं मुहीब मनाज़िल में हम भी हों

---

1. बुलबुलें, 2. सुंदरियों के प्रेमियों में, 3. मंज़िल के रास्ते का सुराग़, 4. काँटों का जंगल।

दरियाए-हश्र-ख़ेज़ की मौजों को चीर कर
कश्ती समेत दामने-साहिल में हम भी हों

इक लश्करे-अज़ीम हो मसरुफ़े-कारज़ार[1]
लश्कर के पेश-पेश मुक़ाबिल में हम भी हों

चमके हमारे हाथ में भी तेग़े-आबदार
हंगामे-जंग नरग़ए-बातिल में हम भी हों

कदमों में जिनके ताज हैं अक्लीमे-दहर[2] के
उन चन्द कुश्तगाने-ग़मे-दिल[3] में हम भी हों

◆◆◆

1. लड़ाई में व्यस्त, 2. दुनिया की बादशाहत, 3. दिल के ग़म के मारे हुए।

पर्दा और इस्मत[1]

जो ज़ाहिर न हो वो लताफ़त[2] नहीं है
जो पिन्हाँ रहे वो सदाक़त[3] नहीं है
ये फितरत नहीं है, मशीयत[4] नहीं है
कोई और शय है ये इस्मत नहीं है

सबा और गुलिस्ताँ से दामन-कशीदा[5]
लेवाए-फ़ुसूँ-ख़ेज[6] और ना-शुनीदा[7]
तजल्लीए-रुख़्सार और ना-दमीदा[8]
कोई और शय है, ये इस्मत नहीं है

सरे-रहगुज़र छिप-छिपाकर गुज़रना
खुद अपने ही जज़्बात का ख़ून करना
हिजाबों में जीना, हिजाबों में मरना
कोई और शय है, ये इस्मत नहीं है

ख़यालाते-पैहम में हर वक़्त गुमसुम
दिले-नर्मो-नाज़ुक पे अब्रे-तवह्हुम
बुझा सा तबस्सुम, घुटा सा तकल्लुम
कोई और शय है, ये इस्मत नहीं है

वो इक काहिशे-तलख़[9] हर आम दिल में
वो शामो-सहर एक ख़ल्जान दिल में
उमड़ता हुआ एक तूफ़ान दिल में
कोई और शय है ये इस्मत नहीं है

---

1. पारसाई, पाकदामनी, 2. ख़ूबी, 3. सच्चाई, 4. मर्ज़ी, 5. दामन बचाए हुए, 6. जादू करने वाला झंड़ा, 7. अनसुना, 8. अनखिले, 9. कड़वी महरुमी।

निगाहों की दावत को पामाल करना
मज़ाक़े-लताफ़त को पामाल करना
तक़ाज़ाए-फ़ितरत को पामाल करना
कोई और शय है ये इस्मत नहीं है

क़सम अन्जुमे-शब के ज़ौक़े-सफ़र की
क़सम ताज़गीए-नसीमे-सहर की
क़सम आसमानों के शम्सो-क़मर की
कोई और शय है ये इस्मत नहीं है

क़सम शोख़िए-इश्क़े-संयोगिता की
क़सम जौन के अज़्मे-सब्र-आज़मा की
क़सम ताहिरा की, क़सम ख़ालिदा की
कोई और शय है ये इस्मत नहीं है

◆◆◆

रात और रेल

फिर चली है रेल स्टेशन से लहराती हुई
नीम शब की ख़ामशी में ज़ेरे-लब गाती हुई

डगमगाती, झूमती, सीटी बजाती, खेलती
वादियो-कोहसार की ठंडी हवा खाती हुई

तेज़ झोकों में वो छम-छम का सरोदे-दिल-नशीं
आँधियों में मेह बरसने की सदा आती हुई

जैसे मौजों का तरन्नुम, जैसे जल परियों के गीत
एक-इक लय में हज़ारों ज़मज़मे गाती हुई

नौनिहालों को सुनाती मीठी-मीठी लोरियाँ
नाज़नीनों को सुनहरे ख़्वाब दिखलाती हुई

ठोकरें खाकर लचकती, गुनगुनाती, झूमती
सरखुशी में घुँघरुओं की ताल पर गाती हुई

नाज़ से हर मोड़ पर खाती हुई सौ पेचो-ख़म
इक दुल्हन अपनी अदा से आप शरमाती हुई

रात की तारीकियों में झिलमिलाती, काँपती
पटरियों पर दूर तक सीमाब छलकाती हुई

जैसे आधी रात को निकली हो इक शाही बारात
शादियानों की सदा से वज्द में आती हुई

मुन्ताशिर करके फ़िज़ा में जा-ब-जा चिनगारियाँ
दामने-मौजे-हवा में फूल बरसाती हुई

तेज़-तर होती हुई मंज़िल-ब-मंज़िल, दम-ब-दम
रफ़्ता-रफ़्ता अपना अस्ली रुप दिखलीती हुई

सीनए-कोहसार पर चढ़ती हुई बे-अख़्तियार
एक नागिन जिस तरह मस्ती में लहराती हुई

इक सितारा टूटकर जैसे रवाँ हो अर्श से
रिफ़अते-कोहसार से मौदान में आती हुई

इक बगूले की तरह बढ़ती हुई मैदान में
जंगलों में आँधियों का ज़ोर दिखलाती हुई

याद आ जाए पुराने देवताओं का जलाल
इन क़यामत-ख़ेज़ियों के साथ बल खाती हुई

एक रख़्शे-बे-अनाँ[1] की बर्क़-रफ़्तारी के साथ
ख़ंदक़ों को फांदती टीलों से कतराती हुई

इक पहाड़ी पर दिखाती आबशारों की झलक
इक बियाबाँ में चिराग़े-तूर दिखलाती हुई

जुस्तजू में मंज़िले-मक्सूद थी दीवाना वार
अपना सर धुनती, फिज़ा में बाल बिखराती हुई

छेड़ती इक वज्द के आलम में सज़े-सरमदी
ग़ैज़ के आलम में मुँह से आग बरसाती हुई

रेंगती, मुड़ती, मचलती, तिलमिलाती, हाँफती
अपने दिल की आतशे-पिन्हाँ को भड़काती हुई

ख़ुद-ब-ख़ुद रुठी हुई, बिफरी हुई, बिफरी हुई
शोरे-पैहम से दिले-गेती को धड़काती हुई

पुल पे दरिया के दमादम कौंदती, ललकारती
अपनी इस तूफ़ान-अंगेज़ी पे इतराती हुई

---

1. बेलगाम घोड़ा।

पेश करती बीच नद्दी में चिराग़ाँ का समाँ
साहिलों पर रेत के ज़र्रों को चमकाती हुई

मुँह में घुसती है सुरंगों के यकायक दौड़कर
दनदनाती, चीख़ती, चिंघाड़ती, गाती हुई

आगे-आगे जुस्तज़ू-आमेज़ नजरें डालती
शब के हैबतनाक नज़्ज़ारों से घबराती हुई

एक मुजरिम की तरह, सहमी हुई सिमटी हुई
एक मुफ़लिस की तरह सर्दी में थर्राती हुई

तेज़िए-रफ़्तार के सिक्के जमाती जा-ब-जा
दश्तो-दर में ज़िंदगी की लहर दौड़ाती हुई

डालकर गुज़रे मनाज़िर पर अंधेरे का नक़ाब
इक नया मंज़र नज़र के सामने लाती हुई

सफ़्हए-दिल से मिटाती अहदे-माज़ी के नुक़ूश
हालो-मुस्तक़बिल के दिलकश ख़्वाब दिखलाती हुई

डालती बेहिस चटानों पर हिक़ारत की नज़र
कोह पर हँसती, फ़लक को आँख दिखलाती हुई

दामने-तारीकिए-शब की उड़ाती धज्जियाँ
क़स्रे-ज़ुल्मत[1] पर मुसलसल तीर बरसाती हुई

ज़द[2] में कोई चीज़ आ जाए तो उसको पीसकर
इर्तिक़ाए-ज़िंदगी के राज़ बतलाती हुई

ज़अम[3] में पेशानिए-सहरा पे ठोकर मारती
फिर सुबुक-रफ़्तारियों के नाज़ दिखलाती हुई

एक सरकश फ़ौज की सूरत अलम[4] खोले हुए
एक तूफ़ानी गरज के साथ दर्राती हुई

एक-इक हरकत से अन्दाज़े-बग़ावत आशिकार
अज़मते-इन्सानियत के ज़मज़मे[5] गाती हुई

हर क़दम पर तोप की सी घन-गरज के साथ-साथ
गोलियों की सनसनाहट की सदा आती हुई

वो हवा में सैकड़ों जंगी दोहल[6] बजते हुए
वो बिगुल की जाँ-फ़िज़ा आवाज़ लहराती हुई

अलग़रज़ उड़ती चली जाती है बे-ख़ौफ़ो-ख़तर
शायरे-आतश-नफ़स का ख़ून खौलाती हुई

◆◆◆

1. अँधेरे का महल, 2. निशाना, 3. घमंड 4. झंडा, 5. गीत, 6. नक्कारा, ढोल।

शौक़े-गुरेज़ाँ

दैरो-काबा का मैं नहीं क़ायल
दैरो-काबा को आस्ताँ न बना

मुझ में तू रुहे-सरमदी[1] मत पूछ
रौनक़े-बज़्मे-आरिफ़ाँ[2] न बना

दश्ते-ज़ुल्मात में भटकने दे
मेरी राहों को कहकशाँ न बना

इशरते-जेहलो-तीरगी[3] मत छीन
महरमे-राज़े-दो-जहाँ न बना

बिजलियों से जहाँ न हो चश्मक
उस गुलिस्ताँ में आशियाँ न बना

ख़ारे-चश्मे-हरीफ़[4] रहने दे
हिर्ज़े-बाज़ूए-दोस्ताँ[5] न बना

मेरी ख़ुदबीनियाँ न ले मुझसे
जल्वा-अफ़रोज़े-महवशाँ न बना

दिले-सद-पारए-हवादिस[6] को
तख़्तए-मश्के-गुल-रुख़ाँ न बना

---

1. सरमद की रुह, सरमद एक सूफ़ी जिन्हें औरंगज़ेब बादशाह के समय क़त्ल कर दिया गया था, 2. जानने वालों की महफ़िल की रौनक़, 3. जिहालत के अँधेरे की ख़ुशी, 4. दुश्मन की आँख का काँटा, 5. दोस्तों के हाथों पर बंधा ताबीज, 6. सदमे से दिल के सौ टुकड़े होना।

मेरी ख़ुददारियों का ख़ून न कर
मुतरिबे-बज़्मे-दोस्ताँ[1] न बना

माहो-अंजुम से मुझको क्या निस्बत
मुझको इनका मिज़ाजदाँ न बना

जिसको अपनी ख़बर नहीं रहती
उसको सालारे-कारवाँ न बना

मेरी जानिब निगाहे-लुत्फ़ न कर
ग़म को इस दर्जा कामराँ न बना

इस ज़मीं को ज़मीं ही रहने दे
इस ज़मीं को तो आसमाँ न बना

मेरी मस्ती नियाज़ो-शौक़ सही
इसको उन्वाने-दास्ताँ न बना

राज़ तेरा छिपा नहीं सकता
तू मुझे अपना राज़दाँ न बना

◆◆◆

1. दोस्तों की महफ़िल का गवय्या।

इन्क़लाब

छोड़ दे मुतरिब[1] बस अब लिल्लाह पीछा छोड़ दे
काम का यह वक़्त है कुछ काम करना है मुझे

तेरी तानों में है ज़ालिम किस क़यामत का असर
बिजलियाँ सी गिर रही हैं ख़िरमने-इदराक[2] पर

यह ख़याल आता है रह-रहकर दिले-बेताब में
बह न जाऊँ फिर तेरे नग़्मात के सैलाब में

छोड़कर आया हूँ किस मुश्किल से मैं जामो-सुबू!
आह किस दिल से किया है मैंने ख़ूने-आरज़ू

फिर शबिस्ताने-तरब की राह दिखलाता है तू
मुझको करना चाहता है फिर ख़राबे-रंगो-बू[3]

मैंने माना वज्द[4] में दुनिया को ला सकता है तू
मैंने ये माना ग़मे-हस्ती मिटा सकता है तू

मैंने माना तेरी मौसीक़ी है इतनी पुर-असर
झूम उठते हैं फ़रिश्ते तक तेरे नग़्मात पर

हाँ ये सच है ज़मज़मे तेरे मचाते हैं वो घूम
झूम जाते हैं मनाज़िर, रक़्स करते हैं नजूम[5]

---

1. गाने वाला, 2. बुद्धिमानी का खलिहान, 3. शानो-शौकत में मस्त, 4. मस्ती, 5. सितारे, 6. ज़िंदगी की खुशियाँ

तेरे ही नग़्मे से वाबस्ता निशाते-ज़िंदगी
तेरे ही नग़्मे से कैफ़ो-इन्बसाते-ज़िंदगी[6]

तेरी सौते-सरमदी[1] बाग़े-तस्व्वुफ़[2] की बहार
तेरे ही नग़्मों से बेखुद आबिदे-शब-ज़िंदादार[3]

बुलबुलें नग़्मा-सरा हैं तेरी ही तक़्लीद[4] में
तेरे ही नग़्मों से घूमें महफिले-नाहीद में

मुझको तेरे सेह्रे-मौसीक़ी[5] से कब इन्कार है
मुझको तेरे लहने-दाऊदी[6] से कब इन्कार है

बज़्मे-हस्ती का मगर क्या रंग है ये भी तो देख
हर ज़बाँ पर अब सलाए-जंग है ये भी तो देख

फ़र्शे-गेती से सुकूँ अब मायले-परवाज़ है
अब्र के पर्दों में साज़े-जंग की आवाज़ है

फेंक दे, ऐ दोस्त! अब भी फेंक दे अपना रबाब[7]
उठने ही वाला है कोई दम में शोरे-इन्क़लाब

आ रहे हैं जंग के बादल वो मंडराते हुए
आग दामन में छिपाए, ख़ून बरसाते हुए

कोहो-सहरा में ज़मीं से ख़ून उबलेगा अभी
रंग के बदले गुलों से ख़ून टपकेगा अभी

बढ़ रहे हैं देख वो मज़दूर दर्राते हुए
इक जुनूँ-अंगेज़ लय में जाने क्या गाते हुए

सरकशी की तुन्द आँधी दम-ब-दम बढ़ती हुई
हर तरफ़ यल्गार[8] करती, हर तरफ़ बढ़ती हुई

---

1. सरमद (एक सूफ़ी) की आवाज़, 2. सूफ़ियों का ज्ञान, 3. रातों को जाग रक इबादत करने वाला, 4. पैरवी, 5. संगीत का जादू, 6. सुरीली आवाज़, 7. एक तरह का साज़, 8. हमला, ।

भूख के मारे हुए इन्साँ की फ़रियादों के साथ
फ़ाक़ा-मस्तों के जिलौ[1] में, ख़ाना-बरबादों के साथ

ख़त्म हो जाएगा ये सरमायादारी का निज़ाम
रंग लाने को है मज़दूरों का जोशे-इन्तक़ाम

गिर पडेंगे ख़ौफ़ से ऐवाने-इशरत[2] के सुतूँ[3]
ख़ून बन जाएगी शीशों में शराबे-लाला-गूँ[4]

ख़ून की बू लेके जंगल से हवाएं आएंगी
ख़ूँ ही ख़ूँ होगा निगाहें जिस तरफ़ भी जाएंगी

झोपड़ों में ख़ूँ, महल में ख़ूँ, शबिस्तानों में ख़ूँ
दश्त में ख़ूँ, वादियों में ख़ूँ, बियाबानों में ख़ूँ

पुर-सुकूँ सहरा में ख़ूँ, बेताब दरियाओं में ख़ूँ
दैर में ख़ूँ मस्जिदों में ख़ूँ, कलीसाओं में ख़ूँ

ख़ून के दरिया नज़र आएंगे हर मैदान में
डूब जाएंगी चटानें खून के तूफ़ान में

ख़ून की रंगीनियों में डूब जाएगी बहार
रेगे-सहरा पर नजर आएंगे लाखों लाला-ज़ार

ख़ून से रंगीं फ़िज़ाए-बोस्ताँ हो जाएगी
नर्गिसे-मख़्मूर चश्मे-ख़ूँ-फ़िशाँ हो जाएगी

कोहसारों की तरफ़ से "सुर्ख़ आँधी" आएगी
जा-ब-जा आबादियों में आग सी लग जाएगी

तोड़ कर बेड़ी निकल आएंगे ज़िंदाँ के असीर
भूल जाएंगे इबादत ख़ानक़ाहों में फ़क़ीर

हश्र-दर-आगोश हो जाएगी दुनिया की फ़िज़ा
दौड़ता होगा हर इक जानिब फ़रिश्ता मौत का

---

1. साथ 2. अय्याशी के महल, 3. खम्भे, 4. लाल रंग की शराब,

सुर्ख़ होंगे ख़ून के छीटों से बामो-दर तमाम
ग़र्क़ होंगे आतशीं मलबूस में मंज़र तमाम

इस तरह लेगा ज़माना जंग का ख़ूनी सबक़
आसमाँ पर ख़ाक होगी, फ़र्श पर रंगीं शफ़क़

और इस रंगीं शफ़क़ में बा-हजाराँ आबो-ताब[1]
जगमगाएगा वतन की हुर्रियत[2] का आफ़ताब

◆◆◆

1. चमक-दमक, 2.आज़ादी।

●

दर्द की दौलते-बेदार अता हो साक़ी
हम बही-ख़्वाह सभी के हैं, भला हो साक़ी।

सख़्त-जाँ ही नहीं, हम ख़ुदसरो-ख़ुद्दार भी हैं
नावके-नाज़[1] ख़ता है तो ख़ता हो साक़ी।

सइए-तदबीर में मुज़मर है इक आहे-जाँ-सोज़
इसका इनआम जज़ा हो कि सज़ा हो साक़ी।

सीनए-शौक़ में वो ज़ख़्म कि लौ दे उट्ठे
और भी तेज़ ज़माने की हवा हो साक़ी।

आँधियाँ उट्ठी हैं, सुनसान है मयख़ानए-शौक़
अब तो इक सिजदए-मासूम रवा हो जाए।

◆◆◆

1.अदाओं के तीर।

●

बस इक तक्सीर[1] पर अपने मुक़द्दर में है मर जाना
तबस्सुम को तबस्सुम क्यों, नज़र को क्यों नज़र जाना।

ख़िरद वालों से हुस्नो-इश्क की तनक़ीद क्या होगी
न अफ़्सूने-निगह[2] समझा, न अन्दाज़े-नज़र जाना।

मये-गुलफ़ाम भी है, साज़े-इशरत भी है, साक़ी भी
मगर मुश्किल है आशोबे-हक़ीक़त से गुज़र जाना।

ग़मे-दौराँ में गुज़री, जिस क़दर गुज़री, जहाँ गुज़री
और इस पर लुत्फ़ ये है, ज़िंदगी को मुख़्तसर जाना।

◆◆◆

1. ख़ता, 2. जादू भरी निगाह।

●

धुवाँ सा इक सम्त उठ रहा है, शरारे उड़-उड़ के आ रहे हैं
ये किसकी आहें, ये किसके नाले तमाम आलम पे छा रहे हैं।

नक़ाब रुख़ से उठा चुके हैं, खड़े हुए मुस्करा रहे हैं
मैं हैरतीए-अज़ल हूँ अब भी, वो ख़ाक हैराँ बना रहे हैं।

ये शौक़ की वारदाते-पैहम, ये वादए इल्तेफ़ात पैहम
कहाँ-कहाँ आज़मा चुके हैं, कहाँ-कहाँ आज़मा रहे हैं।

वो इश्क़ की वहूशतों की ज़द में, वो ताल की रिफ़अतों के आगे
मगर कभी आज़मा रहे हैं, मगर अभी आज़मा रहे हैं।

अता किया है मजाज़ फ़ितरत ने वो मज़ाक़े-लतीफ़ हमको
कि आलमे-आबो-गिल से हटकर इक और आलम बना रहे हैं।

◆◆◆

नज़्रे-दिल

(उनके नाम)

अपने दिल को दोनों आलम से उठा सकता हूँ मैं
क्या समझती हो कि तुम को भी भुला सकता हूँ मैं

कौन तुम से छीन सकता है मुझे क्या वह्म है
ख़ुद ज़ुलेख़ा से भी तो दामन बचा सकता हूँ मैं

दिल में तुम पैदा करो पहले मेरी सी जुर्रअतें
और फिर देखो कि तुमको क्या बना सकता हूँ मैं

दफ़्न कर सकता हूँ सीने में तुम्हारे राज़ को
और तुम चाहो तो अफ़्साना बना सकता हूँ मैं

मैं क़सम खाता हूँ अपने नुत्क़[1] के ऐजाज़[2] की
तुमको बज़्मे-माहो-अंजुम[3] में बिठा सकता हूँ मैं

सर पे रख सकता हूँ ताजे-किश्वरे-नूरानियाँ
महफ़िले-खुरशीद को नीचा दिखा सकता हूँ मैं

मैं बहुत सरकश हूँ लेकिन इक तुम्हारे वास्ते
दिल बिछा सकता हूँ मैं, आँखें बिछा सकता हूँ मैं

तुम अगर रुठो तो इक तुमको मनाने के लिए
गीत गा सकता हूँ मैं, आँसू बहा सकता हूँ मैं

---

1. बोलने की ताक़त(शायरी), 2. करिश्मा, 3. चाँद-तारों की महफ़िल।

जज़्ब है दिल में मेरे दोनों जहाँ का सोज़ो-साज़
बरबते-फ़ितरत[1] का हर नग़्मा सुना सकता हूँ मैं

तुम समझती हो कि हैं पर्दे बहुत से दरमियाँ
मैं ये कहता हूँ कि हर पर्दा उठा सकता हूँ मैं

तुम कि बन सकती हो हर महफ़िल में फ़िरदोसे-नज़र[2]
मुझको ये दावा कि हर महफ़िल पे छा सकता हूँ मैं

आओ मिलकर इन्क़लाबे-ताज़ा-तर पैदा करें
दह्र[3] पर इस तरह छा जाएं कि सब देखा करें

◆◆◆

1. प्रकृति का साज़ 2.नज़र की जन्नत, 3.संसार।

मजबूरियाँ

मैं आहें भर नहीं सकता, कि नग़्मे गा नहीं सकता
सुकूँ लेकिन मेरे दिल को मयस्सर आ नहीं सकता

कोई नग़्मे तो क्या अब मुझ से मेरा साज़ भी ले ले
जो गाना चाहता हूँ आह वो मैं गा नहीं सकता

मताए-सोज़ो-साज़े-ज़िंदगी, पैमानओ-बरबत
मैं खुद को इन खिलौनों से भी अब बहला नहीं सकता

वो बादल सर पे छाए हैं कि सर से हट नहीं सकते
मिला है दर्द वो दिल को कि दिल से जा नहीं सकता

हवसकारी है जुर्मे-ख़ुदकशी मेरी शरीयत में
ये हद्दे-आख़िरी है मैं यहाँ तक जा नहीं सकता

न तूफ़ाँ रोक सकते हैं, न आँधी रोक सकती है
मगर फ़िर भी मैं उस क़स्रे-हसीं तक जा नहीं सकता

वो मुझको चाहती है, और मुझ तक आ नहीं सकती
मैं उसको पूजता हूँ, और उसको पा नहीं सकता

ये मजबूरी सी मजबूरी, ये लाचारी सी लाचारी
कि उसके गीत भी जी खोल कर मैं गा नहीं सकता

ज़बाँ पर बेख़ुदी में नाम उसका आ ही जाता है
अगर पूछे कोई ये कौन है? बतला नहीं सकता

कहाँ तक क़िस्सए-आलामे-फ़ुरक़त, मुख़्तसर ये है
यहाँ वो आ नहीं सकती, वहाँ मैं जा नहीं सकता

हदें वो खींच रक्खी हैं, हरम के पासबानों ने
कि बिन मुजरिम बने, पैग़ाम भी पहुँचा नहीं सकता

◆◆◆

नूरा[1]

(नर्स की चारागरी)

वो नौख़ेज़ नूरा, वो इक बिन्ते-मरियम
वो मख़्मूर आँखें, वो गेसूए-पुर ख़म

वो अर्ज़े-कलीसा की इक माहे-पारा
वो दैरो-हरम के लिए इक शरारा

वो फ़िरदौसे-मरियम का इक गुन्चए-तर
वो तस्लीस[2] की दुख़्तरे-नेक अख़्तर

वो इक नर्स थी, चारागर जिसको कहिए
मदावाए-दर्दे-जिगर जिसको कहिए

जवानी से तिफ़्ली गले मिल रही थी
हवा चल रही थी, कली खिल रही थी

वो पुर-रोब तेवर, वो शादाब चेहरा
मताए-जवानी पे फ़ितरत का पहरा

मेरी हुक्मरानी है अह्ले-जमीं पर
ये तहरीर था साफ़ उसकी जबीं पर

सफ़ेद और शफ़्फ़ाफ़ कपड़े पहन कर
मेरे पास आती थी इक हूर बन कर

---

1. एक नर्स जिसने बीमारी के दौरान मैडिकल कालेज में मजाज़ की देख-भाल की थी, 2. ईसाइयत के अनुसार ईश्वर की तीन शाखाएँ हैं—बाप, बेटा और जिब्रील।

वो इक आसमानी फ़रिश्ता थी गोया
कि अन्दाज़ था उसमें जिब्रील का सा

वो इक मरमरीं हूर ख़ुल्दे-बरीं[1] की
वो ताबीर आज़र[2] के ख़्वाबे-हसीं की

वो तस्कीने-दिल थी, सुकूने-नज़र थी
निगारे-शफ़क़ थी, जमाले-सहर थी

वो शोला, वो बिजली, वो जलवा, वो परतौ[3]
सुलैमाँ की इक वो कनीज़े-सुबुक-रौ[4]

कभी उसकी शोख़ी में संजीदगी थी
कभी उसकी संजीदगी में थी शोख़ी

घड़ी चुप, घड़ी करने लगती थी बातें
सरहाने मेरे काट देती थी रातें

अजब चीज़ थी वो, अजब राज़ थी वो
कभी सोज़ थी वो, कभी साज़ थी वो

नक़ाहत[5] की हालत में जब आँख उठती
नज़र मुझको आती मुहब्बत की देवी

वो उस वक़्त इक पैकरे-नूर होती
तख़य्युल की परवाज़ से दूर होती

वो इन्जील[6] पढ़कर सुनाती थी मुझको
हँसाती थी मुझको, रुलाती थी मुझको

दवा अपने हाथों से मुझको पिलाती
"अब अच्छे हो" हर रोज़ मुज़्दा[7] सुनाती

---

1. सफ़ेद पत्थर जैसी, 2. मूर्ति बनाने वाले, 3. छाया, 4. तेज़ चलने वाली, 5. कमज़ोरी, 6. बाइबिल, 7. ख़ुशख़बरी।

सरहाने मेरे एक दिन सर झुकाए
वो बैठी थी तकिए पे कोहनी टिकाए

ख़्यालाते-पैहम में खोई हुई सी
न जागी हुई सी, न सोई हुई सी

झपकती हुई बार-बार उसकी पलकें
जबीं पुर-शिकन, बेक़रार उसकी पलकें

वो आँखों के साग़र छलकते हुए से
वो आरिज़ के शोले भड़कते हुए से

लबों पर था लालो-गोहर कर ख़ज़ाना
नज़र आरिफ़ाना, अदा राहेबाना

महक गेसुओं की चली आ रही थी
मेरे हर नफ़स में बसी जा रही थी

मुझे लेटे-लेटे शरारत की सूझी
जो सूझी भी तो किस क़यामत की सूझी

ज़रा बढ़के कुछ और गर्दन झुका ली
लबे-लाले-अफ़्शाँ[1] से इक शय चुरा ली

वो शय जिसको अब क्या कहूँ क्या समझिए
बहिश्ते-जवानी[2] का तोहफ़ा समझिए

शराबे-मुहब्बत का इक जामे-रंगीं
सुबूदारे-फ़ितरत का इक जामे-रंगीं

मैं समझा था शायद बिगड़ जाएगी वह
हवाओं से लड़ती है, लड़ जाएगी वह

मैं देखूँगा उसके बिफ़रने का आलम
जवानी का गुस्सा, बिखरने का आलम

1. मोती बरसाने वाले होठ, 2. जवानी की जन्नत।

इधर दिल में इक शोरे-महशर बपा था
मगर उस तरफ़ रंग ही दूसरा था

हँसी और हँसी इस तरह खिलखिलाकर
कि शम्ए-हया रह गयी झिलमिला कर

नहीं जानती है मेरा नाम तक वह
मगर भेज देती है पैग़ाम तक वह

ये पैग़ाम आते ही रहते हैं अक्सर
कि किस रोज़ आओगे बीमार होकर

◆◆◆

उनका जश्ने-सालगिरह

इक मजमए-रंगी में वो घबराई हुई सी
बैठी है अजब नाज़ से शरमाई हुई सी
आँखों में हया, लब पे हँसी आई हुई सी

होठों पे फ़िदा रुहे-बहारे-गुलो-नसरीं[1]
आँखों की चमक रुकशे-बज़्मे-महो-परवीं[2]
पैराहने-ज़र-तार[3] में इक पैकरे-सीमीं[4]

लहरें सी वो लेता हुआ इक फूल का सेहरा
सेहरे में झमकता हुआ इक चाँद सा चेहरा
इक रंग सा रुख़ पर कभी हल्का, कभी गहरा

हर साँस में एहसासे-फ़रावाँ[5] की कहानी
ख़ामोशिए-महजूब[6] में इक सैले-मआनी[7]
जज़्बात के तूफ़ाँ में है दोशीज़ा जवानी

फ़ितरत नए जज़्बात का दर खोल रही है
मीज़ाने-जवानी[8] में उसे तोल रही है
लब साकितो-सामित[9] हैं, नजर बोल रही है

---

1. फूलों की बहार की जान, 2. चाँद-तारों की महफ़िल के बराबर, 3. सोने के तार से बना कपड़ा, 4. चाँदी जैसा बदन, 5. अनुभव की अधिकता, 6. पर्दे की ख़ामोशी, 7. अर्थ का तूफ़ान, 8. जवानी की तराज़ू, 9. ख़ामोश।

सरशार निगाहों में हया झूम रही है
हैं रक़्स[1] में अफ़लाक[2] ज़मीं घूम रही है
शायर की वफ़ा बढ़के क़दम चूम रही है

ऐ तू कि तेरे दम से मेरी ज़मज़मा ख़्वानी[2]
हो तुझ को मुबारक ये तेरी नूर जहानी
अफ़्कार[3] से महफ़ूज़ रहे तेरी जवानी

छलकें तेरी आँखों से शराब और ज़ियादा
महकें तेरे आरिज[4] के गुलाब और ज़ियादा
अल्लाह करे ज़ोरे-शबाब और ज़ियादा

◆◆◆

1. नृत्य, 2. फ़लक का बहुवचन—आसमानों, 3. फ़िक्र का बहुवचन, 4. गाल।

ख़ाना-ब-दोश[1]

बस्ती से थोड़ी दूर चटानों के दरमियाँ
ठह्‌रा हुआ है ख़ाना-ब-दोशों का कारवाँ
उनकी कहीं ज़मीन, न उनका कहीं मकाँ
फिरते हैं यूँ ही शामो-सहर ज़ेरे-आसमाँ
धूप और अब्र-बार के मारे हुए ग़रीब
ये लोग वो हैं जिनको गुलामी नहीं नसीब

इस कारवाँ में तिफ़्ल[2] भी हैं, नौज़वाँ भी हैं
बूढ़े भी हैं, ज़ईफ़ भी हैं, नातवाँ भी हैं
मैले-फटे लिबास में कुछ दोवियाँ भी हैं
सब ज़िंदगी से तंग भी हैं, सरगराँ[3] भी हैं
बेज़ार ज़िंदगी से हैं पीरो-जवाँ[4] सभी
अल्ताफ़े-शह्‌रयार[5] के हैं नौहा-ख़्वाँ[6] सभी

माथे पे सख़्त-कोशिए-पैहम की दास्ताँ
आँखों में हुज़्नो-यास[7] की घनघोर बदलियाँ
चेह्‌रों पे ताज़ियानए-अफ़लास[8] के निशाँ
हर-हर अदा से भूख की बेताबियाँ अयाँ
पैसा अगर मिले तो हमीयत[9] भी बेच दें
रोटी का आसरा हो तो इज़्ज़त भी बेच दें

---

1. बंजारा, 2. बच्चे, 3. परेशान, 4. बूढ़े-जवान, 5. बादशाह की मेह्‌बानी, 6. रोने वाले, 7. दुख और मायूसी, 8. ग़रीबी के कोड़े, 9. हया।

उट्ठे हैं जिसकी गोद से आज़र[1] वो क़ौम है
तोड़े हैं जिसने चर्ख़[2] से अख़्तर[3] वो क़ौम है
पलटे हैं जिसने दहर के दफ़्तर वो क़ौम है
पैदा किए हैं जिसने पयम्बर वो क़ौम है
अब क्यों शरीके-हल्क़ए-नौए-बशर[4] नहीं
इंसान ही तो हैं ये कोई जानवर नहीं

आख़िर ज़माना इनको सताएगा कब तलक
कब से जला रहा है, जलाएगा कब तलक
कब से मिटा रहा है, मिटाएगा कब तलक
उनके लहू में जोश न आएगा कब तलक
मायूसियों की तह में जुनूँ-ख़ेज़ियाँ[5] भी हैं
अफ़लास[6] की सरिश्त[7] में ख़ूँ-रेज़ियाँ भी हैं

◆◆◆

---

1. मूर्ति बनाने वाले, 2. आसमान, 3. सितारे, 4. इन्सानों के गिरोह में, 5. गुस्सा, 6. गरीबी, 7. लड़ाई, ख़ून-ख़राबा।

फ़िक्र

नहीं हर चन्द किसी गुमशुदा जन्नत की तलाश
इक न इक ख़ुल्दे-तरबनाक का अरमाँ है ज़रुर
बज़्मे-दोश्म्बा[1] की हसरत तो नहीं है मुझ को
मेरी नज़रों में कोई और शबिस्ताँ है ज़रुर

मिट के, बरबादे-जहाँ होके, सभी कुछ खो के
बात क्या है कि ज़ियाँ[2] का कोई एहसास नहीं
कारफ़रमा है कोई ताज़ा जुनूने-तामीर
दिले-मुज़तर अभी आमाजगहे-यास[3] नहीं

ताज़ा-दम भी हूँ, मगर फिर ये तक़ाज़ा क्यों है
हाथ रख दे मेरे माथे पे कोई ज़ोहरा-जबीं
एक आग़ोशे-हसीं शौक़ की मेराज[4] है क्या
क्या यही है असरे-नालए-दिल-हाए-हज़ीं

मैंने सोचा था कि दुश्वार है मंज़िल अपनी
इक हसीं बाज़ुए-सीमीं[5] का सहारा भी तो हो
दश्ते-ज़ुल्मात से आख़िर को गुज़रना है मुझे
कोई रख़्शिन्दओ-ताबिन्दा[6] सितारा भी तो हो

---

1. सोमवार की सभा, 2. हानि, 3. मायूसी का घर, 4. ऊँचाई, 5. चाँदी जैसे हाथ, 6. चमकदार।

आग को किसने गुलिस्ताँ न बनाना चाहा
जल-बुझे कितने ख़लील आग गुलिस्ताँ न बनी,
टूट जाना दरे-ज़िन्दाँ का तो दुश्वार न था
खुद ज़ुलैख़ा[1] ही रफ़ीक़े-महे-कनआँ[2] न बनी

बईं इनआमे-वफ़ा उफ़ ये तक़ाज़ाए-हयात
ज़िंदगी वक्फ़े-ग़मे-ख़ाक-नशीनाँ कर दे
ख़ूने-दिल की कोई क़ीमत जो नहीं है तो न हो
ख़ूने-दिल नज़्रे-चमन-बंदिए दौराँ कर दे

◆◆◆

1. पैग़म्बर यूसुफ़ की पत्नी, 2. कनआँ का चाँद, पैग़म्बर युसूफ़ की साथी।

नुमाइश में

वो कुछ दोशीज़गाने-नाज़-परवर[1]
खड़ी हैं इक बिसाती की दुकाँ पर

नज़र के सामने है एक महशर
और इक महशर है मेरे दिल के अन्दर

सुनहरा काम रंगीं साड़ियों पर
बिसाते-आसमाँ पर माहो-अख़्तर

जमालो-हुस्न के पुर-ऐब तेवर
नुमायाँ चाँद सी पेशानियों पर

वो रुख़्सारों पे हल्की-हल्की सुर्ख़ी
लबों पर पुर-फ़िशाँ रुहे-गुले-तर

सियह ज़ुल्फ़ों में रुहे सुम्बुलिस्ताँ
नज़र सर चश्माए-तस्नीमो-कौसर[2]

अदाए - नाज - ग़र्के - कैफ़े - सहूबा
सियह मिज़गाँ[3] शराब-आलूदा नश्तर

चमक तारों की चश्मे-सुर्मगीं[4] में
झलक चाँदी की जिस्मे-मरमरीं में

वो खुशबू आ रही है पैरहन से
फ़िज़ा है दूर तक जिस से मोअत्तर

---

1. अदाओं वाली सुंदरियाँ, 2. जन्नत की नहरों के निकलने का स्रोत, 3. पलकें, 4. सुरमा लगी आँखें।

तबस्सुम और हँसी के नर्म तूफ़ाँ
फ़िज़ाओं में मुसलसल बारिशे-ज़र

निशाते-रंगों-बू से चूर आँखें
शराबे-नाब से लबरेज़ साग़र

वो मेहराबें सी सीनों पर नुमायाँ
फिज़ाए-नूर में क्यूपिड के शहपर

नफ़स की आमदो-शुद से तलातुम
शबे-महताब में जैसे समन्दर

सितारों की निगाहें झुक गयी हैं
ज़मीं फिर ख़न्दा-ज़न है आसमाँ पर

कोई आइनादारे - हुस्ने - फ़ारस
किसी में हुस्ने-यूनानी के जौहर

किसी में अक्से-मासूमे-कलीसा
किसी में परतवे-अस्नामे-आज़र[1]

ये शीरीं है, वो नौशाबा है शायद
नहीं याँ फ़र्क़े-फ़रहादो-सिकन्दर

ये अपने हुस्न में अज़राए-वामिक़
वो अपने नाज़ में सलमाए-अख़्तर

ये ताबानी में ख़ुरशीदे-दरख़्शाँ
वो रानाई में इस से भी फ़ुज़ूँ-तर

ये शोला-आफ़रीं, वो बर्क़-अफ़गन
ये आईना-जबीं, वो माह-पैकर

वो जुम्बिश सी हुई कुछ आँचलों को
वो लहरें सी उठीं कुछ सारियों पर

1.आज़र की मूर्तियों की छाया।

ख़िरामे-नाज़ से नग़्मे जगाती
वो चल दीं एक जानिब मुस्कुराकर

किसी की हसरतें पामाल करतीं
किसी की हसरतें हमराह लेकर

कभी आँखें दुकानों पर जमी हैं
कभी ख़ुद अपनी ही बरनाइयों पर

इधर हमने इक आहे-सर्द खींची
हंसी फिर आ गई अपने किए पर

◆◆◆

●

दामने-दिल पे नहीं बारिशे इल्हाम अभी
इश्क़ नापुख़्ता अभी, जज़्बे-दुरुँ ख़ाम अभी

खुद झिझकता हूँ कि दावाए-जुनूँ क्या कीजे
कुछ गवारा भी है ये क़ैदे-दरो-बाम अभी

ये जवानी तो अभी मायले-पैकार नहीं
ये जवानी तो है रुस्वाए-मयो-जाम अभी

वायज़ो-शेख़ ने सर जोड़ के बदनाम किया
वर्ना बदनाम न होती मये-गुलफ़ाम अभी

मैं ब-सद फ़ख़्र ये ज़ोह्हाद से कहता हूँ मजाज़
मुझको हासिल शरफ़े-बैयते-ख़य्याम अभी

◆◆◆

❑❑